이금희의 국어수업

이금희의
국어수업

피서사장
감성을 깨우는 도서출판

프롤로그

참 괜찮은 사람임을 알아차리기

수업 시간,

교실에서 토끼, 거북, 날다람쥐, 악어, 박쥐, 사자, 나무늘보, 숭어, 땅강아지들을 봅니다. 그들은 서로 다르게 생겼고 잘하는 것도 서로 다릅니다. 그래도 웃을 때는 똑같이 웃습니다. 소리는 제각각 달라도 웃음의 에너지는 똑같습니다. 그런 아이들이 모여 있는 교실에서 저는 국어를 가르칩니다.

교육이 뭘까?

선생 노릇 십여 년 차에 저에게 큰 질문이 찾아옵니다. 그때 저는 인문계 고등학교에서 담임을 하며 수업에, 보충 수업에, 논술 지도에, 야간 자율학습 감독에, 진학 지도까지 하느라 정말 잠시도 쉬지 못하고, 수시로 입술이 터지는 날들을 보내고 있었습니다. 그렇다고 제가 힘들어서 이런 질문이 올라온 것은 아니었습니다.

학생들이 행복해 보이지 않았습니다. 일등 하는 아이는 빼앗길까 불안해하고, 공부를 못하는 아이는 자신의 능력 없음을 부끄러워하고, 부모는 자식 때문에 힘들어하고, 자식은 부모 때문에 아파했습니다. 성적이라는 잣대로 학생의 능력과 잠재성을 재는 것을 넘어 존재의 가치와 행복 가능성까지 재단하려는 교육 풍토에 강한 의문이 생겼습니다. 시험과 경쟁이라는 잣대, 그것보다 더 무서운 것은 잣대가 하나밖에 없다는 것이었습니다. 이렇게 아이들을 키워도 될까요? 아이들이 아프면 저도 아팠습니다. 그래서 자꾸 물었습니다. 과연 교육이 뭘까? 우리는 무엇을 가르쳐야 할까?

교육은 살이기는 힘을 기워주는 것이 아닐까?
그럼 우리가 살아갈 때 꼭 필요한 힘은 무엇일까?

제가 얻은 결론은 '자아존중감, 즉 긍정적 자존감'이었습니다. 긍정적 자존감이란 현재의 모습 그대로 자신이 완전한 존재임을 아는 것입니다. 지금 그대로의 모습으로도 가장 소중하고, 가치 있는 존재임을 알아차리는 것입니다. 교육은 누구나 지금 현재 그대로 완전하고 소중하고 가치 있고 변화하는 존재임을 스스로 알 수 있도록 하는 활동입니다. 그래서 이제 저는 대답할 수 있습니다.

교육이란
"내가 참 괜찮은 사람임을 알게 하는 것"임을요.

"어떤 때 스스로 참 괜찮은 사람이라고 느끼나요?"

많은 이들에게 물어보았습니다. 놀라운 공통점이 발견되었습니다. 첫 번째, 사람들은 새로운 것에 도전했을 때, 무언가 이루었을 때, 인정받을 때 스스로를 괜찮은 사람이라고 느낀다고 합니다. 이때 성공이냐 실패냐는 그리 중요하지 않답니다. '성장'하는 것이 진짜 핵심입니다. 두 번째는 '누군가에게 베풀었을 때'였습니다. 그것이 물질적인 것이든 비물질적인 것이든 누군가에게 베풀고 도움이 될 때 사람들은 스스로가 괜찮은 사람이라는 느낌이 든다고 말합니다.

사람들은 성장하면서 베푸는 삶을 참 괜찮은 삶이라고 말합니다. 학생들도 그때 행복감을 느낀다고 말합니다. 그렇다면 학교 교육은 학생들이 행복감을 맛보게 하고 행복 역량을 더 키울 수 있도록 도와주는 것이어야 합니다. 행복 역량이라는 말 들어보셨지요? 역량은 힘입니다.

힘은 어떻게 키울 수 있을까요?

제가 보기에는 아주 간단합니다.

몸 힘 키우는 것을 생각해 보면 됩니다. 허벅지 힘을 키우고 싶으면 허벅지 운동을 하면 됩니다. 팔 운동은 글쎄요. 별 효과가 없겠죠? 그럼 한 번으로 될까요? 아니겠죠. 처음부터 고강도 운동을 해도 될까요? 다치든지 곧 그만두겠죠. 이때 제일 중요한 것은 직접 운동을 하는 것입니다. 허벅지 근육 키우는 이론을 아무리 달달 외워도 허벅지가 튼튼해지지 않거든요. 요약해 보면 몸 힘은 자신의 몸에 맞는 운동을, 직접, 꾸준히 하면서, 하나씩 단계를 올리면 길러집니다. 그러면서 조금씩 달라지는 자신을 확인하고 새로운 도전으로 키우는 겁니다.

머리 힘이나 마음 힘도 이렇게 자라는 것 같습니다. 머리 힘을 사고력이라 부르고, 마음 힘을 인성이라 부르겠습니다. 그런 면에서 학교 수업은 몸 힘과 머리 힘과 마음 힘을 기르면서 학생들이 스스로가 참 괜찮은 사람임을 깨닫는 정말 소중한 시간이 됩니다. 사람들이 자주 깜박깜박합니다. 마치 학교가 국어, 영어, 수학, 사회, 과학 등의 교과 지식만 가르치는 곳처럼 오해를 합니다. 선생님들도 자신이 무엇을 가르치는지 종종 잊습니다. 그걸 늘 기억하는 사람은 학생들뿐입니다. 그래서 수시로 삐딱선을 타고 불평을 하고 질문을 합니다.

"선생님, 이거 왜 배워요?"

교육이 '자신이 참 괜찮은 사람임을 알게 하는 것'이라면
국어 수업은 무엇을 알게 하는 시간일까?

저의 두 번째 질문입니다.
왜 국어를 배워야 하지? 왜 문학을 배우고 독서를 배우고 문법을 배우지? 화법과 작문은 무엇을 배우는 시간이지? 다 질문입니다. 여전히 그 답을 찾고 있지만 이제 한 가지는 답할 수 있습니다. 국어는 '제대로 표현하는 법'을 가르치는 교과입니다. 우리는 표현하지 않고는 살 수 없습니다. 말이나 글로 표현할 수 있을 때 우리는 자신의 정체성을 확인하고 함께 더불어 살아갈 수 있습니다.(음악가는 소리로, 미술가는 색으로 표현합니다.) 여기서 표현은 인식을 전제로 합니다. 즉 무언가를 표현하려

면 먼저 자신이나 대상을 인식할 수 있어야 합니다. 인식을 위해서는 경청하고 읽고 사고하고 성찰해야 합니다. 인식의 결과물들이 바로 우리 삶의 내용이자 표현의 내용입니다. 그것을 힘으로 말하면 '국어는 여러 활동을 통해 표현력을 키워주는 교과'라는 풀이가 가능합니다. 화법·작문뿐만 아니라 문법, 독서, 문학도 결국은 '잘 표현하기 위해' 배웁니다.

사람들은 국어 교사인 저에게 묻습니다.
"어떻게 하면 국어를 잘할 수 있을까요?"
저는 이렇게 대답합니다.
"자기 생각과 느낌을 잘 표현할 수 있으면 됩니다."

이 책은 삼십여 년 동안 국어를 가르치고 배우면서 생각한 작은 생각 조각들로 이루어져 있습니다. 교육이 무엇인지, 왜 국어 수업이 표현으로 귀결되는지, 표현하는 힘을 키우기 위해서 어떻게 해야 하는지를 사투리 섞인 어조로 말합니다.(말이 사투리다 보니 글도 사투리가 제법 있네요.) 제가 했던 수업들을 아이들과 대화하는 장면 중심으로 적었습니다. 교육과정과 성취기준, 수업 디자인과 과정 평가, 생기부 세특 기록과 같은 딱딱한 이야기는 별로 없습니다. 그냥 한 선생의 수업 일기이고 누구나 이해할 수 있는 수업참견서입니다.

가볍게 읽으시면 됩니다. 제가 만난 아이들 이야기도 들어보시고, 제가 한 수업 실수담도 웃어주시다가 당신의 배움 속으로 가만히 들어가시면 됩니다. 우리는 사실 매시간 배우고 있으니까요. 늘 성장하고 있고,

항상 '참 괜찮은 사람'이니까요.

   이 책에 나온 수업 사례들은 오랫동안 배움 친구였던 배광호 선생님, 김미향 선생님, 이정숙 선생님, 박영애 선생님, 김유경 선생님, 김규남 선생님, 우진아 선생님의 가르침 덕분에 가능하였습니다. 우리는 정기적으로 모여 서로의 수업을 이야기하고 부족한 점을 채워주었습니다. 역시 수업은 나누어야 맛입니다. 더불어 어려운 출판 현실에도 참 인문학의 토대를 다져가는 피서산장 출판사의 박상욱 대표님과 거친 글을 꼼꼼하게 읽으며 날카롭게 보완해 주고 거듭되는 퇴고에도 한결같이 배려해주신 최혜령 편집장님과 편집부, 디자인부 여러분께 진심으로 감사의 인사를 드립니다. 그리고 삼십여 년 국어 선생으로 살아올 수 있도록 어떤 화제라도 함께 나누어주고 든든한 울타리가 되어 준 남편과 바쁜 엄마를 늘 지지하고 도와준 다인, 나효, 성빈에게 사랑의 마음을 가득 보냅니다.
   앞으로도 꾸준히 도전하면서 함께 성장하는 국어 선생님으로 살겠습니다.

2019년 8월
오드리의 서재에서 이금희

프롤로그 4

01 교육이 뭘까?
- 내가 참 괜찮은 사람임을 알게 되는 것

1장 힘을 키우는 교육

정말 참 괜찮은 사람인가요? **19**
요즘 잘 지내니? / 현재보다 미래가 중요한가요? / 네가 바로 그분이란다 /
배움으로 빛나는 아이들

힘은 어떻게 생기나요? **28**
살아가려면 어떤 힘이 필요할까? / 힘은 어떻게 키울까? /
힘을 키우는 다섯 가지 법칙 / 힘은 언제 생길까?

2장 질문으로 키우는 힘

왜 질문이 필요한가요? **43**
인생의 답을 알려면 무엇을 해야 할까? / 질문하는 교사, 답 찾는 학생 /
우리가 배우는 내용은 모두 누군가의 질문이었다 / 질문하는 학생 키우기 /
what 질문, how 질문, why 질문

CONTENTS

질문에도 종류가 있나요? 53
사고의 유형이 질문의 유형이다 / 사실적 질문 / 추론적 질문 /
비판적 질문 / 창의적 질문 / 성찰적 질문 / 이해하는 질문과 표현하는 질문

왜 수업은 질문인가요? 68
질문하는 아이 / 질문은 궁금증의 표현입니다 / 질문은 표현의 도구입니다 /
질문은 경청하게 합니다 / 질문은 다르게 생각하는 힘을 키웁니다 /
질문은 협력하게 합니다 / 질문은 성찰하게 합니다

질문 만들기 연습해 볼까요? 72
질문, 교사가 먼저 연습합니다 / 산에는 꽃 피네, 왜? / 꽃도 새가 좋을까?

세상에 나쁜 질문은 없습니다 81
끄집어내는 질문 / 정답 없는 질문 / '왜'를 반복하는 질문 /
질문 자체를 칭찬해줍니다

02 국어교육이 뭘까?
- 제대로 표현하는 주체를 키우는 것

3장 국어 교육의 힘

왜 국어 공부를 하나요? **93**
국어 필요 없는데요 / 수능 국어 문제가 문제입니다 /
우리는 제대로 국어를 사용하고 있는 걸까?

표현하는 힘을 키운다고요? **100**
정확하고 효과적으로 국어 사용하기 / 이제 네가 기준이야, 표현 /
'이해와 표현'에서 '표현과 이해'로

제대로 표현하는 주체가 뭐예요? **106**
표현해야 삽니다 / 제대로 표현하기 / 내가 가르쳐줄게

4장 제대로 표현하는 힘

대화로 발표로 수업해 볼까요? **112**
수업은 대화와 발표다 / 『이생규장전』의 대화

질문과 설명으로 수업해 볼까요? **118**
너희가 직접 질문을 만들어 / 『태평천하』에 던지는 질문 / 설명하기의 힘 /
교사가 말을 줄이면 학생들이 질문을 한다

CONTENTS

03 질문하고 표현하는 국어 시간
- 단계별로 힘을 키워줄게

5장 나에게로 다가가는 단계별 표현 수업

이름에 긍정적 수식어 붙이기 133
말을 잘하려면 어떻게 해야 할까요? / 긍정적으로 자기 인식하기 /
꾸준히 반복하기

주어와 서술어로 표현하기 139
생각의 덩어리로 표현하기 / 주어 찾기로 서술형 평가 완성하기 /
한 문장으로 요약하기 / 주어 서술어로 주제 정리하기

주장과 근거로 표현하기 147
주장과 근거로 두 문장 쓰기 / 주장과 근거로 한 문단 쓰기 /
PREP로 4문장 쓰기 / 주장하는 글쓰기의 단계 올리기

주장과 근거로 1분 자기 소개하기 155
나를 소개합니다 / 주어를 제시하는 소개 양식 / 1분 자기 소개하기의 예

근거가 확실한 자기소개서 작성하기 160
설명하지 말고 보여줘 / 구체적으로 적는 게 뭐야? / 사례 제시 공식은? /
질문의 함의를 잘 파악해

표현력이 폭발하는 1인 1책쓰기 **167**
글쓰기가 아니라 책쓰기 / 나에게 공감하는 자서전 책쓰기 /
표현의 두려움을 없애는 책쓰기 / 자신의 언어가 살아나는 주체적인 표현

6장 읽기의 편견을 넘어 새로운 읽기 지도로

우리 애는 책을 싫어해요. 그럴까요? **179**
처음으로 다 읽었어요 / 누구나 읽기를 좋아해요

아이들은 책을 읽으며 무엇을 배울까요? **183**
만화책 보면 화를 내요 / 정말 많이 배운답니다

왜 교과서 외의 책을 읽어야 할까요? **187**
학생들 책 많이 보고 있잖아요 / 왜 교과서 외의 책을 읽어야 한다고
생각하시나요? / 그럼 책 선정은 누가 하나요? / 독자의 권리

책 안 읽어도 잘 삽니다 **197**
책 읽는 것은 칭찬할 거리가 아닙니다 / 책을 얼마나 읽으면 좋을까요? /
어려운 책은 안 읽어요 / 책만 보는 사람이 더 위험합니다

집어넣는 읽기에서 끄집어내는 읽기로 **205**
읽기 지도에 대한 새로운 질문 / 독서의 성격 / 집어넣는 읽기 / 끄집어내는 읽기

고전 읽기에서 현재 읽기로 **211**
「제망매가」 기억하나요? / 왜 고전 작품을 배울까요? / 천 년 전 목소리에
귀 기울이기 / 나는 간다 말도 못다 이르고 가는가 / 현재와 고전의 꾸준한 간섭

CONTENTS

7장 읽고 표현하는 국어 수업

내 인생 최고의 날 - 식사문 작성하여 발표하기 **222**
기분 좋은 상상 / 현재를 열심히 살면 정말 좋은 미래가 올까? / 현실처럼 상상하기 / 진짜처럼 스토리텔링하기 / 식사문 형식 이해하기 / 식사문 작성하기 / 레드카펫을 밟고 발표회장으로 / '꿈'자를 건드리는 순간 현실이 됩니다

아버지 뛰어넘기 - 김소진 『자전거 도둑』 읽고 시 쓰기 **244**
자전거 도둑 / 아버지는 어떠니? / 여러 매체로 내용 정리하기 / 등장인물이 되어 보고 평가하기 / 시상의 두레박 건네기 / 아버지, 고맙고도 미운

내 것 내가 먹는데 누가 뭐래
- 김유정 『만무방』 읽고 모의재판하기 **258**
막돼먹은 사람 / 도둑을 잡아라 / 응오는 죄인인가? / 현재도 소설 같은 일이 / 내가 쓴 판결문

책을 읽었으니 책대로 해 보자
- 한 학기 한 권 읽고 서평쓰기 **269**
한 권을 다 읽나요? / 우리가 서평을 쓴다고요? / 모둠 정하고 책 고르기 / 10분 읽고 2분 막 쓰기 / 책과 나 / 책과 사회 / 책대로 한다 / 서평 양식 / 모둠 및 책 소개 / 서평쓰기의 소감 / 힘들지만 성장하는 국어 수업

에필로그 **286**

01

교육이 뭘까?

1장 힘을 키우는 교육

2장 질문으로 키우는 힘

1장
힘을 키우는 교육

정말 참 괜찮은 사람인가요?

요즘 잘 지내니?

교육이 뭘까?

선생님들이 묻습니다. 부모님들이 묻습니다. 교육 정책자들이 묻습니다. 아마 그분들은 다들 하나씩 답을 가지고 있을 겁니다. 그런데 어떤 답을 내든 그분들이 공통적으로 말하는 지점이 있습니다. 모두들 '학생이 행복해지기 바란다.'는 것이지요. 대입이라는 목표를 제시하며 성적의 칼을 휘두르는 선생님도, 학원 뺑뺑이를 시키는 부모님도, 3년도 못 가 대입 제도를 바꾸는 정책 입안자도 모두 한결같이 학생의 행복을 말합니다.

"다 너희를 위해서야. 너희 잘 살라고 그러잖아. 좀 더 행복한 내일을 위해 오늘 조금만 더 고생하자. 응?"

그런데 정작 그 행복을 누릴 학생들에게 묻지는 않습니다.

"요즘 너는 어떠니?"

요즘 아이들은 잘 지냅니다.

꼬박꼬박 학교에 오고, 수업 시간마다 교과서를 바꾸어 꺼내 놓고, 안간힘을 다하여 졸린 눈을 뜨고, 시험 문제 하나라도 더 맞히려고 바둥바둥 애를 태우며 잘 지냅니다.

쉬는 시간마다 매점에 함께 가는 친구의 올라간 성적이 얄밉지만 내색 안 하고, 아직 이해가 안 되었는데도 '다 알지?' 하고 휘리릭 진도를 넘어가는 선생님이 야속하지만 모르겠다 안 하고, 매일 배가 아프고 머리가 지끈거리는데도 학원 앞까지 태워주는 엄마에게 힘들다 안 하고 아주 잘 지냅니다.

잘 지냅니다. 친구하고 뾰족하고 날선 욕설로 엉겨 붙을 때까지, 시험지만 보면 온 세상이 하얗게 눌러와 숨쉬기 어려울 때까지, 어두운 아파트 창문가에 서서 보이지 않는 깊이를 수없이 잴 때까지 참고 참고 지냅니다. 말도 못하고, 하소연도 못하고, 원망도 못하고, 소리 지르지도 못하면서 이유도 모른 체, 왜 이렇게 힘든지 논리적으로 따져보지도 못한 채 힘들게 잘 지냅니다.

정말 잘 지냅니다.

공부 못 한다고 종종 구박 받지만 수다 떨고, 좋아하는 떡볶이 먹으며 꽃잎 하늘거리듯 웃고 지냅니다. 곧 시험이 다가오지만 좋아하는 아이돌 콘서트 찾아가 맘껏 기운 나누며 온몸의 세포 하나하나마다 생기를 담아와 큰 소리로 웃고 지냅니다. 잘 모르는 문제를 가져와 묻는 친구의 눈을 바라보며 찬찬히 설명해주고 다시 자기 공부로 미끄러지듯이 몰입하며 '아, 이게 이렇구나.' 감탄하면서 살포시 웃으며 지냅니다. 수행 과제로 모둠원들과 자료 조사하고 발표 리허설하면서 서로에게 칭찬하고 웃으며 지냅니다. 힘들게 일하는 부모님 생각에 졸린 눈을 깨워가며 문제

하나 더 풀고 영단어 하나 더 외우며 스스로를 격려하며 굳세게 지냅니다. 만화가 좋아 교과서마다 만화를 그리고, 새벽까지 스토리를 구상하며 자신의 이야기 제국을 건설하면서 잘 지냅니다. 주말마다 교육 봉사다니고 거리에 떨어져 있는 휴지 남몰래 줍고, 가난하고 힘든 사람들 사연에 가슴 아파하며 큰마음 키워가며 잘 지냅니다.

학생들은 잘 지냅니다.
운동장 가장자리 나무들처럼 한 해 한 해 무럭무럭 잘 자랍니다.
때로 꽃 피고, 때로 바람 맞고, 때로 단풍 들고, 때로 시린 가지 흔들면서 늘씬늘씬 성장합니다.
부모가 아닌 선생으로 아이들을 만나니 다들 얼마나 예쁜지요. 다들 얼마나 선량한지요. 그리고 다들 어찌 그리 강한지요. 저희들끼리 그늘 섞어가며 숲을 이루며 울울창창 어른이 되어 갑니다. 고맙고 고마울 따름입니다.
참말이시 고마울 따름입니다. 어른늘 시키는 대로 무조건 복종하지 않고 자기 식으로 그들 세상을 만들어갑니다. 아이들이 자기 스타일대로 꿋꿋하게 살아가는 것이 얼마나 다행인지 모릅니다.

현재보다 미래가 중요한가요?

교육이란
"내가 참 괜찮은 사람임을 알게 하는 것"입니다.
제가 이렇게 생각한 근거는 어쭙잖은 당위성 때문이 아닙니다. 그게 사실이기 때문입니다. 제가 만난 아이들이 다 참 괜찮은 사람이었기 때문입니다.

"좋은 학교만 다녔나 보지?"
"좋은 학교가 따로 있나요? 제가 근무하는 학교가 좋은 학교지요."
"솔직히 좋은 애들 많지. 근데 그렇지 않은 애들도 있잖아?"
"그렇지 않은 애들이라면 어떤?"
"다 알면서 왜 이러셔? 혼자 성인군자처럼."

힘든 아이가 있습니다. 별난 아이도 있습니다. 나쁜 아이도 있습니다. 미운 아이도 있습니다. 정말 다시 안 만나고 싶은 아이도 있습니다. 제가 무슨 성인군자이겠어요. 신나게 수업 들어갔다가 벌레 씹은 기분으로 나오는 수업도 많았고, 어떤 반 수업만 생각하면 가슴이 콱! 막히는 해도 있었고, '에라 모르겠다. 내가 너희를 평생 데리고 살 것도 아닌데…….' 하면서 끙끙대며 버틴 시간도 많았습니다.

중학교 8년, 인문계 고등학교 13년, 특성화고 6년, 다시 인문계 고등학교에서 3년을 보내면서 그동안 제가 만난 아이들은 '질풍노도의 청소년'들이었습니다. 그 애들이 뭐가 그리 예쁘겠습니까? 자신이 뭘 하는지조차 모르는 미친 망아지 같은 애들인데. 오죽하면 중2가 전쟁을 막고 있다는 말이 나왔을까요.

그런데 학생들은 모두 참 괜찮은 사람들입니다. 그걸 잘 모르고 있을 뿐이지요. 교사도 잘 모르고 부모도 잘 모르고 학생들은 더더욱 모릅니다. 우리는 학생들을 덜 큰, 미성숙한, 더 자라야 할, 부족한, 배워야 할, 가르쳐야 할, 철없는 존재로 부릅니다. '머리에 피도 안 마른 녀석'이라 하고, '어딜 어린 녀석이!'라고 하고, '아직 세상맛을 모르는 놈'이라고 합니다.

"몇 살이면 다 큰 건가요?"
"어느 정도가 성숙한 것이지요?"
"철이 든 것을 어떻게 아나요?"

성숙과 미성숙의 기준이 무엇일까요? 덜 자라고 다 자람의 잣대가 무엇인가요? 철 있고 없음을 어떻게 구분하나요? 결국 다들 자의적인 잣대로 넘친다 모자란다 판단하는 것 아닌가요? 사회적인 합의가 있다구요? 정말 그런가요? 일시적으로 합의로 보이는 것이 있을 수 있지만 그것이 변치 않고 항상 그 역할을 할 수 있는지요? 설령 합의했다고 해서 그것을 모든 아이들에게 적용할 수 있는지요?

오래전, 저에게 한 선생님이 말했습니다.
"씨앗, 여린 싹, 어린 나무, 굵은 나무, 열매. 이것들 중에 뭐가 가장 중요할까요?"
"열~매 아닐까요?"
"왜요?"
"열매를 맺기 위해 나무가 있는 것 아닌가요?"
그렇게 대답해 놓고 아차, 싶었습니다. 세상에 열매를 위해 나무가 존재한다니… 이런 폭력적인 언사가 어디 있을까요?
"아니, 다시 답을 바꿀게요."
"그러세요."
"으음, 씨앗이 없으면 싹이 없고, 싹이 없으면 나무가 없고, 나무가 없으면 열매가 없네요."

조용히 선생님이 고개를 끄덕입니다.

"이건 어느 하나를 고를 수 없는 거네요. 그냥 그 자체로 소중하네요."

"그 어느 것도 '자신으로' 존재하는 것이지 다른 존재를 '위한' 존재는 없습니다."

그 말씀이 저에게 참 오래 남았습니다. 아이들을 아직 덜 자란 존재, 미성숙한 존재, 철 안 든 존재로 보던 저의 입장을 단번에 버리게 한 소중한 경험이었습니다.

네가 바로 그분이란다

제가 학생들이 모두 괜찮은 아이라고 믿는 소소한 이야기가 있습니다. 「강연 100℃」라는 프로그램에서 본 떡집 총각 이야기입니다. 강연자는 연간 수입이 18억이나 되고 종업원이 스무 명이 넘는 잘 나가는 떡집 CEO입니다. 그러나 그 젊은 CEO는 학창 시절 존재감이 전혀 없는, 공부에 전혀 관심 없는, 스스로 무엇을 잘하는지, 무엇을 하고 싶은지조차 알지 못하는 그렇고 그런 학생이었습니다. 아르바이트로 그날그날 연명하는 무력한 청춘이었습니다. 우연한 기회에 떡 공장에서 일하다가 떡과 사랑에 빠지기 전까지는 말이지요. 대부분의 성공 스토리가 그러하듯 무기력하고 능력 없는 상태에서 어떤 계기를 만나 눈을 뜨고 열심히 노력하여 현재의 성공을 이루었다는 이야기입니다.

그 강연에서 제가 집중한 지점은 강연자의 고등학교 시절입니다. 공부에 아무 관심도 없고, 미래에 대한 비전이나 꿈도 없고, 그날그날 의무처럼 학교에 와서 시간을 때우고 별일 없이 돌아가는 이름 없는 고등학생

말입니다. 그 학생이 지금의 CEO가 될 줄 과연 그때, 누가 알았을까요? 선생님이 알았을까요? 부모님이 알았을까요? 몰랐을 겁니다. 절대절대 몰랐을 사람이 하나 더 있습니다. 바로 그 학생 자신이지요.

"내가 너희들을 무시하거나 가벼이 대할 수 없는 이유가 이거야. 너희는 뭐가 될지 모르거든. 나중에 성공하고 출세하면 나 잊지 마라."

강연을 보여주면서 제가 이렇게 말합니다. 아이들이 "에헴, 에헴. 그러죠." 하며 거들먹거립니다. 참 예쁩니다.

"인사하세요. 여러분 옆에 있는 친구들, 지금 이렇게 알고 있는 것이 큰 영광이 될 수 있는 분입니다."
"그리고 스스로에게 인사하세요. 여러분이 바로 그분입니다."

아이들이 스스로에게 인사를 합니다. 키득키득 낄낄거리며 인사합니다. 모두 그분을 영접하며 잠시 우리는 숭엄해집니다.

그렇다고 알지 못할 어느 미래에 성공할(?)지도 모르는 어떤 가능성 때문에 아이들이 '참 괜찮은 사람'인 것은 아닙니다. 실제로 아이들이 괜찮은 것을 꾸준히 보기 때문입니다.

배움으로 빛나는 아이들

또 다른 이야기를 볼까요? 좀 오래전에 나온 「달마야 놀자」라는 영화 속에는 스님들과 깡패들의 한판 대결이 나옵니다. 고요하고 청정한 어느

산속 절에 깡패들이 찾아와 은신하고자 합니다. 불량하고 저속한 말로 은근 협박을 하면서 말이지요. 그래서 스님들과 갈등을 빚습니다. '네가 나가냐, 내가 나가냐.' 하며 서로 으르렁댑니다. 이를 본 큰스님이 한 가지 대결을 제안합니다.

"여기 항아리에 먼저 물을 가득 채우는 팀이 이기는 거야."

큰스님 말대로 사람이 들어가고도 남을 항아리 두 개가 준비되어 있습니다. 그런데 아니 이럴 수가? 항아리 아래쪽이 깨져 구멍이 엄청 큽니다. 저 정도 구멍이면 폭포수가 와도 항아리를 채우기 어려워 보입니다.

스님들이 그동안 배운 선지식으로 문제를 해결하려고 하지만 안 됩니다. 깡패들은 고민 안 합니다. 그냥 바로 신발에 물을 담아 와서 항아리에 붓습니다. 발이 안 보이도록 번갈아가며 물을 갖다 붓습니다. 그래도 물이 자꾸 빠져 나가니 항아리 밑에 아예 누워 구멍을 막아보려고도 하지만 새는 물을 감당할 수가 없습니다.
이 대결은 깡패분(?)들의 승리로 끝납니다. 그들은 밑 빠진 항아리에 물이 철철 넘치도록 만듭니다. 어떻게 했을까요? 그 방법은 바로~~~~ 항아리를 들고 가 물웅덩이에 풍~덩 집어넣는 것이었습니다. 깨진 항아리에 물이 가득 넘치는 장면은 참 오래도록 뇌리에 남았습니다.

중학생과 고등학생은, 맞습니다.
어리고(어리석고) 부족하고 미성숙하고 철없습니다. 깨진 항아리처럼 대책이 없습니다. 그런데 그 아이들이 생명력으로 넘치고 존재감이 빛나고 그득하도록 완전해 보이는 때가 있습니다. 병든 병아리처럼 마른 잎새처럼 시들시들하고, 앙칼진 고양이처럼 성난 늑대처럼 성질내던 아이들이 물오른 느티나무처럼 푸르게 바람 소리를 내는 때가 있습니다. 내가 알던 그 애가 저 애 맞나 싶을 만큼 다른 아이가 되어 수업에 몰입할 때가 있습니다.

바로 배움의 웅덩이에 풍~덩 하고 자신을 온몸 채로 던질 때입니다. 스스로 탐구하고 알아가는 즐거움에 시간가는 줄 모르고 빠져 있습니다. 어떻게 그런 일이 가능할까요? 교사의 수업 설계로 가능합니다. 아니 충분한 물이 있는 웅덩이만 제공해 주면 됩니다. 아니 그냥 밑 빠진 항아리 하나 주고 물을 담으라고 미션을 주면 됩니다. 그리고 좀 기다려 주면 됩니다.

"매번 아이들이 그렇게 즐겁게 수업을 하나 봐요?"
"무슨, 그럴 리가요. 그러면 걔들이 애들인가요?"
"그렇다고 그걸 근거로 아이들이 참 괜찮은 사람이라고 주장하는 건 쫌……."

제가 그 근거를 백 개 들고 오면 믿을까요? 아마 이백오십 개의 반대 근거를 찾아낼 수 있을 겁니다. 그래서 제 주장은 그냥 믿음입니다. 제가 가르치는 아이들이나 제 자식들 모두 다 그 자체로 완전하고 그 자체로 충분하다고 믿는 겁니다.

참 괜찮은 사람이라고 봅니다. 그냥.
그럼 참 괜찮은 사람 맞습니다.

힘은 어떻게 생기나요?

살아가려면 어떤 힘이 필요할까?

교육을 받는 이유는 살아가는 힘을 기르기 위해서입니다.

한 사람이 살아가려면 어떤 힘이 있어야 할까요?

먼저 몸에 힘이 있어야 합니다. 몸의 힘이야 설명할 필요가 없겠지요. 그럼에도 고3이라고 체육 대신 자습을 요구하는 학부모님들과 아이들이 있습니다. 속상합니다. 그리고 머리 힘이 있어야 하지요. 머리 힘은 다른 말로 사고력이라 할 수 있습니다. 사고력이라? 정보이해력, 비교분석력, 비판적 사고력, 창의적 문제해결능력 또 뭐가 있을까요? 암기력, 응용력, 표현력, 경청 능력, 독해력, 수리력, 관찰력, 예술감상 능력, 문화창조 능력 이런 것들이 다 머리 힘이라 할 수 있겠지요. 마지막으로 필요한 힘은 바로 마음 힘입니다. 마음 힘은 인성에 해당하는 것입니다. 인내심, 책임감, 배려심, 협동심, 친화력, 도전, 용기, 성찰력 등을 마음 힘으로 생각할 수 있습니다.

이 셋을 지덕체로 보아도 됩니다. 하지만 저는 '힘'으로 부릅니다. 몸 힘, 머리 힘, 마음 힘 이렇게요. 힘은 역량이라고도 하지요. 2015 개정 교육과정에서 가장 중요한 키워드가 '역량'입니다. 2015 개정 교육과정에서는 자기관리 역량, 지식정보처리 역량, 창의적 사고 역량, 심미적 감성 역량, 의사소통 역량, 공동체 역량을 강조합니다. 이런 역량을 골고루 갖춘 사람을 '바른 인성을 갖춘 창의융합형 인재[1]'라 부릅니다. 외우기 어려워서 그렇지 사실은 우리가 이미 알고 있는 것들입니다.

힘은 어떻게 키울까?

그럼 어떻게 하면 이런 역량, 즉 힘을 키울 수 있을까요? 이것은 저에게 오래된 질문이었습니다. 학생들이 모두 참 괜찮은 사람인 것을 인정한다고 해도 이런 힘들이 저절로 자라지는 않습니다. 마치 글자를 익히지 않으면 늙어도 글을 읽을 수 없듯이 힘을 키우는 방법도 어느 시기에 제대로 배워야 합니다. 물론 늦게 배워도 됩니다. 하지만 그냥 놔두어도 저절로 알게 되는 것은 별로 없습니다. 어떤 형태로든 배움을 통해 자기 것으로 만들어야 합니다.

1학년 때 글을 못 쓰는 아이는 왜 3학년이 되어도 글을 못 쓸까?

고3 학생들의 자기소개서를 지도하면서 글 못 쓰는 학생들을 많이 봅니다. 한 줄 시작을 힘들어합니다.
"아, 머릿속에 다 있는데 말로 뭐라, 말을 못 하겠어요."

---

1) 2015 개정 교육과정의 인재상

대입에 자소서가 중요하다는 것을 알지만 글이 맘처럼 잘 안 써집니다. 고3까지 수업 시간에 시도 쓰고, 소설도 창작해 보고, 주장하는 글도 적고, 독후감도 숙제로 내고, 백일장에 참여도 해왔을 아이들이 왜 이렇게 글을 못 쓸까요? 아니 못 쓸 수는 있습니다. 노래를 못하는 사람이 있듯이 글을 못 쓰는 사람 당연히 있을 수 있지요. 제가 의아하게 여긴 것은 1학년 때도 못 쓰고, 3학년인 지금도 못 쓰는 것입니다. 이 아이들은 국어 시간에 무엇을 배운 걸까요? 국어 선생님들은 무엇을 가르친 것일까요?

아이들이 글을 못 쓰는 이유는 안 써 봐서가 아닙니다. 쓰긴 했습니다. 수업 시간에 한두 번 쓰고, 숙제로 쓰기를 했을 뿐이지요. 학년이 올라갈수록 깊이 있는 쓰기 수업을 해야 하는데 정작 고등학교 작문 수업 시간에는 글쓰기 대신 작문 문제를 풀었습니다. 작문 문제는 만점을 맞지만 정작 글 한 페이지 쓸 줄 모르는 아이들, 그동안의 국어 수업이 글 못 쓰는 아이를 만들었다고 할 수 있습니다.

그럼 어떻게 가르쳐야 할까요?
글을 잘 쓰게 하려면 일회성 글쓰기가 아니라 '꾸준히, 단계별로, 많이' 쓰도록 가르쳐야 합니다.
국어에서 가르치는 읽기, 말하기, 듣기, 쓰기, 문학 감상하기 등은 모두 지식이 아니라 실제로는 기능입니다. 기능은 무조건 몸으로 익혀야 합니다. 마치 자전거 타기를 배우는 것과 같습니다. 이 단순한 이치를 저는 참 뒤늦게야 깨달았습니다.

그래서 새 학기가 시작되면 꼭 하는 이야기가 있습니다. 바로 힘에 대한 것이지요.

"얘들아, 내가 요새 몸이 부실해져서 걱정이야. 몸에 힘을 키우려면 어떻게 해야 하니?"
학생에게 묻습니다.
"운동을 해야죠."
"한 번만 하면 될까?"
"인생을 너무 쉽게 살려고 하시네요, 샘"
"그래, 꾸준히 운동을 해야 힘이 생기지. 그럼 지금부터 운동을 할 건데 김종국이 드는 덤벨을 들면 될까?"
"헐, 욕심이 너무 많아요. 더 내려 놓으세요. 샘"
"욕심이 너무 많나? 그럼 뭐부터 시작해야 해?"
"샘이 들 수 있는 걸로 시작하셔야죠."
"힘들잖아. 그냥 책으로 읽으면 안 될까?"
"몸의 힘을 키우디면시요."
"대신 해 주면 안 되겠니?"
"화장실을 대신 다녀올게요."
어이없어 하는 표정이 눈에 들어옵니다.
"결국 내가 직접 해야 하는구나."
얄짤없네요. 직접 저 힘든 운동을 제가 해야 한단 말인가요. 쩝
"근데 얘들아, 운동할 때 목표를 정해놓고 하니?"
"목표가 있어야 합니다."
한 몸짱 하는 남학생이 단호하게 말합니다.
"왜?"
"목표가 당기는 힘이 되니까요. 어디가 끝인지 알 수 있잖아요."

"쉽게 말해 줄래?"

"목표를 정해 놓고 한 단계 한 단계 올리면 짜릿한 성취감을 맛볼 수 있습니다. 해 왔던 것이 있으니 앞으로 어떻게 될지도 짐작할 수 있고요. 한 번 성취감을 맛보면 쉽게 포기 안 합니다."

고등학생이라 똑똑하지요? 중학생에게는 직접 무언가 몸으로 배워 본 경험을 물어보면 됩니다. 인라인스케이트를 배웠던 경험도 좋고 케이 팝 댄스를 익힌 경험도 좋겠지요. 누구나 하는 게임도 좋은 경험이 됩니다. 그것이 어떤 영역이든 어떻게 잘하게 되었는지 물어보면 제가 하고 싶은 말을 아이들이 직접 다 해 줍니다.

칠판에 표현력, 독해력을 적고 또 묻습니다.
"난 이번 학기에 너희들의 표현력과 독해력을 키워줄 거야. 그런데 그걸 어떻게 하면 키울 수 있을까?"
아이들이 집중합니다.
"얘들아, 표현력은 어떻게 키울 수 있을까?"
"........"
"표현력도 결국 힘이잖아. 힘 력(力)."
"그죠."
짧은 인정.
"나는~ 몸 힘 키우는 것하고 똑같은 방법으로 표현력도 키울 수 있다고 봐. 그러니까 표현력을 키우기 위해서는 자신의 수준에 맞는 것부터 꾸준히 연습을 하면 되는 거지. 익숙해지면 단계를 높여 좀 더 어려운 것에 도전하고, 그렇게 하다 보면 당연히 표현력이 늘지 않겠니?"
아이들이 환호할까요? 어림도 없습니다. '아, 또 뭔가 많이 쓰겠구나.'

싶어 한숨을 쉽니다. '저런 선생 예전에도 봤는데 아, 머리 아프다.' 이런 표정입니다.

"근데 걱정 마. 하나하나 가르쳐줄 테니. 한 발 한 발 따라오다 보면 어느새 글 잘 쓰는 사람이 되어 있을 거야. 숙제 같은 거 안 내고 수업 시간에만 해도 충분히 잘 쓸 수 있게 해줄게."

이 정도만 이야기하면 됩니다. 힘에 대한 연설을 할 필요는 없습니다. 또 무언가 해야 한다는 부담감만으로도 학생들은 힘듭니다. 처음에는 아주 조금씩 아주 조금씩 압을 주어야 합니다. 괜히 세게 나가면 겁을 먹거나 저항을 합니다. 별 거 아닌 것처럼, 힘들 거 없는 것처럼 가볍게 말하면 됩니다. 하지만 중요한 것이 있습니다. 내가 가르쳐준다는 것, 한 발 한 발 데리고 가 주겠다는 것, 나중에는 잘하게 된다는 것 이것을 진심으로 이야기해야 합니다. 교사가 목소리에 진정성을 담고 확신을 가시고(그렇다고 힘을 넣지는 말고) 믿음을 주어야 합니다.(그렇다고 아이들이 믿지는 않습니다만) 무언가를 가르치려고 할 때 교사는 누구보다 스스로를 믿어야 하니까요.

힘을 키우는 다섯 가지 법칙

제 경험에 의하면 힘은 이렇게 자랍니다.

첫째, 직접 해야 합니다.

몸이든 머리든 마음이든 직접 자신의 것을 움직이고 사용하고 단련해야 힘이 생깁니다. 이 간단한 논리를 인정하면 의심이 듭니다. 그간 우리가 해왔던 교사의 강의식 수업은 학생들의 힘을 키우는데 보탬이 되었을까? 별로 그런 것 같지 않습니다. 왜일까요? 강의식 수업에서 '직접 하는' 사람은 학생이 아니라 교사이기 때문입니다.

이런 제 입장에 반대하시는 분도 있습니다.

"전혀 모르는 것은 설명해 주어야지. 그러라고 교사가 있는 거지. 모든 걸 학생들의 탐구 학습으로 공부하다가는 진도를 다 못 나가요. 적어도 진도는 나가야죠."

몸짱이 되려고 헬스클럽에 등록했는데 트레이너 양반이 저 혼자 운동합니다. 운동을 하고 싶어 몸이 근질근질해서 묻습니다.

"선생님, 제가 해 보면 안 될까요?"

"안 됩니다. 제가 운동하고 설명할 테니 보고 듣고 외우세요. 직접 다 하시면 진도 못 나갑니다."

누구 힘만 커지나요? 당연히 매일 설명하는 선생님만 똑똑해집니다. 설령 책에 나오는 지식을 머릿속에 다 집어넣었다고 해도 시험만 치면 끝입니다. 듣고, 외우고, 시험보고, 잊습니다. 그러니 아이들이 묻습니다. "샘, 이거 왜 배워요?"

얼핏 보면 배움은 머리에 저장되는 것 같습니다. 하지만 저는 모든 앎은 몸에 저장된다고 말합니다. 육체적 힘도 몸에 저장되고, 사고력도 몸에 저장되고, 인성도 몸에 저장됩니다. 그래서 학생이 스스로 직접 해 볼 때 머리 힘도 마음 힘도 잘 자랍니다. 직접 해 보는 배움을 통해 힘 있는 사람으로 성장합니다.

둘째, 자신의 수준에 맞게 시작합니다.

글쓰기는 한 줄 쓰기에서 50자, 200자, 1,000자, 3,000자 등 다양한 형태가 가능합니다. 어리다고 무조건 적은 분량을 고집할 필요는 없습니다. 짧은 글이 더 어려울 수 있으니까요. 문제는 학생 간 편차가 심하다는 것이지요. 두 줄 쓰기도 힘들어 하는 학생과 몇 페이지 글도 가뿐하게 쓰는 아이들이 한 반에 모여 있습니다. 누구를 기준에 두고 시작을 해야 할까요? 기준이 누구일까요?

저는 상중하의 '하'를 기준으로 삼습니다. 늘 '중'과 '상'을 기준으로 수업이 이루어지다 보니 어느 순간 '하'가 되어 버린 아이들은 피드백이나 보충 지도를 받지 못하고 수업의 이방인이 됩니다. 예전에도 못하고 지금도 못합니다. 좀 하려고 해도 덤벼들 엄두가 안 납니다. '에라 모르겠다.'가 됩니다. 그 학생들조차도 구미가 당길 정도로 쉽게 시작합니다.

"그러면 상에 있는 아이들이 너무 쉬워 동기유발이 안 되는 것 아닌가요?"

"대부분 괜찮습니다. 첫 시작이 쉬울 뿐이지 내내 쉬운 것이 아니니까요. 그리고 잘하는 학생도 이전에 배운 것과는 전혀 다른 기능을 요구하기 때문에 수업에서 이탈하지 않습니다."

오래 가려면 처음에는 가볍게 가야 합니다. 그리고 기본기를 충실히 다지며 가야 합니다. 대부분의 학생이 '해볼 만하다' 싶은 정도의 수준으로 시작을 하는 것이 좋습니다.

셋째, 점차 단계를 높입니다.

운동 단계를 높이듯 수업도 단계를 높여 과제를 수행하도록 요구합니다. 이 단계는 질적 양적 단계를 모두 포함합니다. 저는 학생들과 책쓰기 수업을 합니다. 처음에는 그림 그리고 한 줄만 씁니다. 그 다음에는 열

줄 씁니다. 또 한 번 열 줄 씁니다. 그 다음엔 이미 쓴 두 개의 열 줄글을 옮겨 적습니다. 그 이후 한 시간에 열 줄짜리 글 두 개를 쓰도록 합니다. 꾸준히 4-6차시 정도 매번 그렇게 씁니다. 시간이 지나면서 그 정도 길이의 글은 별로 부담이 안 됩니다. 이런 과정을 통해 30여 페이지의 자서전이 자연스럽게 완성됩니다. 아이들이 저에게 자랑합니다.

"샘. 저도 다 썼어요.~"

처음에는 힘들던 것도 자꾸 해보면 어느새 익숙해집니다. 이제 그 정도는 충분히 할 만큼 힘이 생긴 것이지요. 그럼 좀 더 단계를 높여 주어야 합니다. 잘 알다시피 대부분의 사람은 쉬운 것보다는 조금 노력해서 도달할 만한 과제에 흥미를 가집니다. 비고츠키의 근접발달영역처럼 지금보다는 조금 높지만 용기 내어 도전해 볼 만한 과제를 주어야 합니다. 한 발 한 발 걸었더니 어느새 천릿길을 가듯이 수업도 그렇게 진행됩니다.

단계를 높이는 수업에서 정말 강조하고 싶은 것이 있습니다. 바로 '가르쳐 주고 평가하기'입니다. 요즘 핫한 키워드가 과정 평가입니다. 예전의 결과 평가가 과정보다는 결과물에 치중했다면 요즘의 과정 평가는 과정 하나하나를 평가기준표에 따라 평가하라고 요구합니다. 덕분에 좋은 평가기준표가 많이 만들어지고, 학생들의 활동 중심으로 수업이 확대되고, 역량을 키우는 수업이 늘어나고 있습니다.

하지만 과정 평가가 학생의 활동 과정을 평가하는 것으로만 이해해서는 안 됩니다. 과정 평가의 핵심은 '교사가 가르쳐 주고 평가하는 것'입니다.

"역사과 수행과제가 '존경하는 인물을 조사하여 동영상으로 제출하기'라면서요?"

"맞아요. 저도 이제 과정 평가를 제대로 해 보려 합니다."

"훌륭합니다. 그런데, 동영상 제출로 정한 이유가 있는지요?"

"저는 학생들이 역사적 지식을 가지는 것도 중요하지만 그것을 매체로 표현하는 것도 중요하다고 봅니다. 요즘은 그런 능력이 중요하니까요."

"매체 활용 능력이 정말 중요하지요. 그럼 혹시 수업 중 동영상 만드는 법에 대해 가르치는 시간이 있나요?"

"아뇨, 그건 없어요. 아이들 요새 동영상 잘 만들잖아요. 앱도 많고. 그리고 그것까지 가르치기엔 시간이 너무 많이 걸려서요."

"그렇다면 동영상을 만들 줄 모르는 아이들은 배울 기회가 없는 거네요."

보이시나요? 무엇이 문제인지. 이 역사 선생님이 만든 평가기준표에는 역사 지식과 인물에 대한 평가 여부, 표현력, 매체 활용 능력이 함께 제시되어 있습니다. 좋은 성적을 받으려면 학생들은 사료 조사를 하고 재구성하여 동영상 매체로 잘 표현하여야 합니다. 그런데 전혀 가르치지 않은 것을 평가 기준에 넣고 있네요. 그럼 안 배워서 못하는 아이들은 어쩌나요? 잘하는 아이는 또 잘하고 못 하는 아이는 못 배워 못하는 악순환이 일어납니다. 이것이 문제입니다.

만약 동영상 활용에 대해 수업을 할 수 없다면 그냥 일정한 형식을 제시하고 글로 표현하는 것으로도 충분하다고 봅니다. 그것만으로도 역사 교과 역량을 평가할 수 있으니까요. 꼭 하고 싶다면 학생들의 수준을 체크하고 그것을 보완할 수 있는 대비책을 마련해 주어야 합니다. 이 평가에서 매체를 넣느냐 마느냐는 애초 '이 수업을 통해 학생들에게 어떤 교과 역량을 키워주려고 하는가? 이 수업의 목표가 무엇인가?'에 따라 달라져야 합니다. 목표 역량이면 가르치고, 아니면 빼야 합니다.

학생들의 역량을 키워주고 싶다면 교사가 가르쳐야 합니다. 이때의 가르침은 아이들에게 계단을 만들어주는 과정입니다. 한 발 한 발 내딛을 수 있도록, 믿고 따라올 수 있게 뿌려 놓는 빵부스러기 같은 것입니다.

넷째, 결과물이 있어야 합니다.

힘을 키우기 위해서는 단계 단계를 밟는 것이 아주 중요합니다. 그에 못지않게 하나의 결과물을 완성하는 것도 대단히 중요합니다. 결과물은 포트폴리오일 수도 있고, 하나의 완성 작품일 수도 있고, 책쓰기 형태일 수도 있습니다.

과학 실험을 하고 보고서 쓰는 수업을 여러 번 했다고 가정해 봅니다. 매번 실험을 하고 보고서를 내겠지요. 낱개의 장으로 된 보고서들을 개별적으로 평가할 수도 있고, 모아서 묶음으로 평가할 수도 있습니다. 어느 것이든 가능하지만 저는 가능하면 하나의 작은 책자로 묶음을 만들어 보는 것을 권합니다. 왜일까요? 낱개의 조각들이 모이면 그것은 합 이상의 시너지를 만들기 때문입니다. 개별 보고서를 글의 중간 부분으로 넣고 이 전체 활동을 마무리하는 처음과 끝을 학생들이 정리하도록 하면 전체 수업의 방향과 자신들이 배운 것들을 정리하는 좋은 활동이 됩니다.

학생들이 힘들겠지요? 하지만 이런 완결된 형태의 보고서를 작성하는 일은 개별 활동이 서로 어떻게 연계되고 승화되는지에 대한 종합적 사고력을 키워주고, 자신의 변화를 알아차릴 수 있는 성찰력을 키워주고, 처음 중간 끝으로 내용을 정리함으로써 일을 마무리하는 능력과 의사소통 능력을 키워줍니다. 일타사피, 오피가 됩니다.

성장은 개별 사건으로는 잘 안 보입니다. 여러 개를 한꺼번에 통찰할 때 성장과 변화가 보입니다. 힘들어도 스스로 성장했다고 느꼈을 때 학생들은 그 과정을 소중한 것으로 생각하고 짜릿한 성취감을 맛봅니다. 자신을 참 괜찮은 사람으로 느끼게 됩니다.

위의 네 가지에 추가해야 할 정말 중요한 한 가지가 있습니다. 학생들에게 힘을 키워주기 위해서는

다섯째, 기다려야 합니다.

누가 기다려야 하나요? 당사자는 기다리지 않습니다. 그냥 가고 있으니까요. 기다려야 하는 사람은 트레이너이고 부모이고 교사입니다.

논에 심어놓은 벼를 빨리 자라라고 잡아당기면 뿌리가 뽑힙니다. 모내기를 한 모는 처음에는 전혀 자라지 않습니다. 오히려 조금 누런빛을 내며 시들시들해집니다. 왜일까요? 뿌리내리느라 온 힘을 다 쓰고 있기 때문입니다. 뿌리를 먼저 제대로 내려야 키가 크고 낱알을 많이 품을 수 있습니다. 뿌리를 내리는 시간은 땅에 따라 다르고 모에 따라 다르고 날씨에 따라 다릅니다. 하지만 땅에 심어놓고 물이 있으면 뿌리가 생깁니다. 제 힘으로 땅을 움켜쥐고 꼿꼿하게 몸을 세우고 하늘을 향해 머리를 듭니다.

학생들도 마찬가지입니다. 어른들은 이미 익힌 익숙한 일이라도 아이들은 처음입니다. 그래서 힘듭니다. 하지만 열심히 배워 자신의 힘으로 뿌리를 내리려고 노력합니다. 그 시간을 기다려주어야 합니다. 배움에는 침묵의 시간이 있습니다. 그 침묵을 죽은 시간으로 보면 안 됩니다. 보이는 것이 전부가 아닙니다. 배움은 먹고 소화하고 배출하는 음식물처럼 바로바로 결과가 드러나지 않습니다.

그래서 모둠 활동을 할 때 '얼마나 자주 대화에 참여하였느냐'와 같은

평가 기준이 저는 불편합니다. 모둠 안에는 말 잘하는 아이와 말을 거의 못 하는 아이가 함께 있습니다. 말 못하는 아이는 모둠 대화나 토론에 별로 끼어들지 못합니다. 내내 듣고만 있습니다. 그럼 그 학생은 수업에 참여하지 않은 것일까요? 아마 그렇지 않을 겁니다. 들으면서 끼어들 틈을 노리고 있을지도 모르고, '아, 저렇게 말해야 하는구나.' 하고 배우고 있을 수도 있습니다. 하지만 모둠 대화나 토론에 끼어들지 않는 이상 그 아이의 내면에서 일어나는 배움은 가점으로 평가되지 않습니다. 보이지 않는 성장을 보이는 현상으로만 평가하기가 어렵습니다. 그래서 저는 기다림을 중요하게 생각합니다.

아이들의 출발점이 다르다는 점, 아이들의 성장 시간이 다르다는 점을 우리가 꼭 기억해주어야 합니다. 교사가 기다려준다는 것을 학생이 믿을 때 학생들은 배움의 공간으로 들어옵니다. 느린 걸음을 인정해줄 때 더 걸어가려는 용기를 냅니다.

힘은 언제 생길까?

"얘들아, 힘은 언제 생기니?"
아이들이 조용합니다. 힘은 운동할 때 생긴다고 하지 않았나?
"그래 운동을 해. 운동할 때 말이야. 언제 힘이 생길까?"
"······."
"힘은, 힘들 때 생기는 거 같아."

힘은 힘들 때 생깁니다.

바람 든다는 말이 있지요? 바람이 들어온다는 말이지요. 힘들다는 말은 힘이 들어온다는 말 아닐까요? 저는 제 식으로 정의해 봅니다.

힘들다. 힘이 들어온다. 힘이 생긴다.

운동을 생각해 보면 알 수 있습니다. 땀이 나고 힘들다 싶을 때 좀 더 참고 하는 것이 진짜 운동이 됩니다. 힘든 것을 참고 조금 더 할 때 다음 날 달라진 몸을 볼 수 있습니다. 어제는 안 되던 것이 오늘 됩니다. 힘이 생긴 거지요. 그래서 배움은 좀 힘이 들어야 합니다. 교사는 학생들이 좀 힘들도록 기회를 주고 기다려 주어야 합니다.

"힘들 때 기억해 줘.
아, 내 몸에 힘이 들어오는구나.
내가 힘 있는 사람이 되어가고 있구나."

2장
질문으로 키우는 힘

왜 질문이 필요한가요?

인생의 답을 알려면 무엇을 해야 할까?

2010 서울 G20 정상회의 폐막식에서의 일입니다. 오바마 미국 대통령이 연설을 마치며 말했습니다.

"한국 기자분의 질문만 받도록 하겠습니다."

전 세계의 방송 언론 기자들이 총출동한 자리에 한국 기자들에게만 질문의 기회가 주어졌습니다. 무슨 일이 일어났을까요? 놀라운 상황이 벌어졌습니다. 그 많은 한국 기자들 중 단 한 명도 질문을 하지 않았던 것입니다. 당황한 오바마 대통령이 통역을 해 주겠다고 해도 침묵, 서너 차례 다시 요청을 해도 침묵, 질문을 받겠다던 오바마 대통령이 머쓱해서 그만 웃고 맙니다.

이 동영상을 특성화고 3학년 수업 시간에 보여주었습니다. 학생들은

"아이구야, 한국 기자들 뭐 하노?"

하면서 어이없어 합니다.

"너희들이 기자라면 무엇을 질문하겠니?"

"한국에 온 소감이 어떠냐?",

"김치 먹어 보았느냐?"

"북한에 대해 어떻게 생각하느냐?"

등 다양한 질문이 나왔습니다. 그래 너희들이 기자들보다 낫구나. 그래서 다른 상황을 제시하였습니다.

"너희들이 취업했는데 사장님이 신입사원의 질문만 받겠대. 너희들은 어떤 질문을 할래?"

그러자 웃고 즐기던 아이들 표정이 갑자기 진지하게 바뀝니다. 남의 일 같던 질문이 학생 자신의 삶으로 들어간 표시입니다.

〈질문면접법〉 들어봤니? 일반 면접과는 반대로 취업준비생들이 면접관에게 질문을 하는 면접이야. 너희라면 어떤 질문을 할래?"

"토요일에도 근무하나요?"

"월급은 얼마인가요?"

"몇 년 지나야 대리로 진급하나요?"

"1년 수출액이 얼마나 되죠?"

"해외 지사에서 근무하려면 어떤 자격이 필요한가요?"

"회사 제품 중 고객의 불평이 가장 많은 것은 무엇입니까?"

"너희가 면접관이라면 어떤 질문자를 합격시키겠니?"

학생들은 서서히 질문의 힘을 실감하는 분위기입니다.

인문계 고3 수업을 하는 선생님이 학생들에게 자꾸 질문을 던지자,

"선생님, 묻지 말고 그냥 답만 말해 주시면 안 돼요?"

라는 불만이 나왔다는 말을 들었습니다. 묻고 답하는 시간도 아깝고,

고민하기도 귀찮고, 생각하는 게 힘들어서라네요. 정답만 알면 시험 잘 풀겠죠.

"그런데 얘들아, 학교 시험에는 정답이 있지만 우리 인생은 어떨까?"

"인생은 노답이죠. 깔깔깔"

웃는 애들 사이에서 한 애가 말합니다.

"노답은 아니지~. 각자 다른 답이 있을 뿐이지."

"맞아. 각자 다른 답을 가지는 게 인생 같아. 그런데 그 인생의 답을 알려면 무엇을 해야 할까?"

"노력요."

큰 소리로 대답하는 학생이 있네요. 그러자 바로 맞받아치는 아이가 있습니다.

"질문을 해야죠."

그날 아이들과 질문의 힘을 적어보았습니다. 아이들은 이렇게 정리했네요.

- 궁금한 것을 빠른 시간에 해결할 수 있다.
- 서로의 차이를 알고, 공통점을 찾을 수 있다.
- 소통이 가능해지고, 문제를 함께 해결한다.
- 자신의 감정이나 생각을 표현할 수 있고, 실수를 안 하게 된다.
- 자신감이 생기고, 더 성장할 수 있다.
- 용기가 생기고 성취감을 맛본다.
- 답을 찾을 수 있고, 기회를 잡을 수 있다.
- 하면 할수록 질문거리가 많아지고 그로 인해 다음에는 더 잘할 수 있게 된다.

- 인생이 바뀐다.

"이렇게 좋은데 왜 우리는 질문하지 않을까?"
"질문 자꾸 하면 혼나요. 모른다고 무시당해요. 선생님 말 끊는다고, 버릇없다고 해요."
"그렇지. 아직 몰라서 배우는데 모른다고 혼을 내면 어떻게 배울 수 있겠니? 선생님 말이 끝나면 종이 치는데 어떻게 말을 안 끊을 수 있겠니? 하지만 질문을 제대로 하는 법을 알게 되면 그런 무시나 핀잔을 받지 않게 될 거야. 우리가 그렇게 질문하는 법을 모르는 이유는 아직 배우지 않아서니까 질문하는 법 이제부터 배워보자."

질문하는 교사, 답 찾는 학생

어느 날, 「은하수를 여행하는 히치하이크를 위한 안내서」라는 영화를 보았습니다. 개인적으로 뜬금없는 스토리가 제법 매력적이었습니다만 그 스토리와 상관없이 제가 주목한 것은 모든 것의 절대적 질문의 답은 이미 정해져 있다는 장면이었습니다.

"답은 42야."
"무엇에 대한 답인데요?"
"그 질문은 너희들이 찾아."

머리가 멍해지는 느낌이었습니다. 이미 답은 나와 있다. 질문을 해라. 답을 찾지 말고 질문을 찾아라. 질문할 줄 알아야 답을 찾을 수 있다. 이런 메시지가 저를 두들겼습니다.

그동안 강의식 수업에서 벗어나기 위해 저는 학생들에게 최대한 많은 질문을 하였습니다. 정답이 있는 질문도 하고 다양하게 답을 찾을 수 있는 질문도 하였습니다. 하지만 그래 봤자 교사가 질문을 하고 학생들은 정답 찾기에 열중하였다는 사실을 홀연 인식하게 되었습니다.

아하! 그랬구나.

강의식 수업과 방식만 바뀌었지 학생들을 답 찾는 존재로 보는 것은 바뀌지 않았구나!

인생은 각자 다른 자신만의 답을 찾아가는 과정인데 나는 오지선다와 서술형 평가의 정답을 요구하는 수업을 하였구나. 자신만의 답을 위해서는 먼저 질문을 할 줄 알아야 하는데 나는 질문하는 힘을 제대로 키워주지 않았구나. 반성을 하였습니다.

그 이후부터 새로운 질문이 시작되었습니다.

이렇게 하면 학생들의 질문 능력을 키워줄 수 있을까?

이 문제를 해결하기 위해서는 먼저 왜 질문이 중요한지, 질문은 어떻게 만드는지를 정리해야 했습니다.

우리가 배우는 내용은 모두 누군가의 질문이었다

사과는 왜 땅으로 떨어질까?
인간은 왜 노동에서 소외되는가?
인간은 어디에서 와 어디로 가는가?

뉴턴이 만유인력의 법칙을 찾아낸 것은 떨어지는 사과에 대한 질문이 있었기 때문이고, 마르크스가 자본론을 쓴 것은 노동하고도 소외되는 사람들에 대해 질문을 하였기 때문이고, 석가모니가 해탈을 이룬 것은 삶과 죽음에 대한 질문을 던졌기 때문입니다. 모든 답은 질문이 있을 때 찾을 수 있습니다. 질문하지 않고는 어떤 답도 찾을 수 없지요. 그래서 답보다 질문이 더 중요합니다.

학교에서 배우는 대부분의 지식은 어느 한 시기 위대한 질문의 결과로 나온 답들입니다. 진짜 소중한 질문과 훌륭한 답들입니다. 하지만 요즘 학생들이 배우는 것은 질문이 아니라 답입니다. 이미 다 나와 있는 답을 그냥 암기하는 공부를 하고 있습니다. 답을 익히는 것이 문제가 되는 것이 아니라 아예 질문을 하지 않는 것이 문제입니다.

"언제 질문을 하나요?"
"궁금할 때요."
"관심 있을 때요."

질문은 궁금증과 관심의 표출입니다. 학습의 가장 순수하고 근원적인 동기는 질문입니다. 궁금증이 있어야 학습이 일어납니다. 그 궁금증으로 시작한 질문이 공부의 가장 큰 에너지가 됩니다. 그런 면에서 학생들에게 질문하는 힘을 키워주는 것은 공부의 가장 큰 동력을 심어주는 것이라 할 수 있습니다.

그럼 질문하는 힘은 어떻게 키워줄까요? 많이 경험해 보셨지만 질문이 분명해야 답을 찾을 수 있습니다.

"그게 뭐에요?"
"그게 뭔데?"
"아, 그거 있잖아요. 그거."

"그니까, 그게 뭐냐고?"
질문이 분명하지 않으면 대화가 안 됩니다.
"진리가 무엇입니까? 스승님."
"그렇게 막연하게 질문하지 말고 니 문제를 물어라. 이놈아."
막연한 질문은 정작 스스로 무엇을 묻는지 모른다는 말이 됩니다. 질문을 구체적으로 물을 수 있다면 이미 답을 찾아가고 있다고 볼 수 있습니다. 저는 학생들이 질문을 하되, 자신의 삶에 관계하여 아주 구체적인 질문을 할 줄 알았으면 싶었습니다.

질문하는 학생 키우기

그래서 질문의 힘 키우기 프로젝트를 한 학기 하였습니다. 학생들의 질문 능력을 키워주겠다는 광대한 포부를 품고 말이지요. 솔직히 말해서 고생했습니다. 왜일까요? 제가 여태 제대로 질문을 하지 않고 살아왔기 때문이기도 하지만 의외로 수업에 질문을 체계적으로 가르치는 사례가 별로 없었기 때문입니다. 그래서 맨땅에 헤딩하듯 공부해가며 수업을 했습니다.

위의 오바마 이야기는 동기유발로 시작한 첫 시간 수업입니다. 학생들이 질문이 왜 중요한지 공감할 수 있도록 진행하였습니다.

그 다음 시간에는 학생들이 무슨 질문을 하는지, 어떤 유형의 질문을 하는지 조사하였습니다. 각자 50개의 질문을 적도록 하고 그것을 유형별로 구분하도록 하였지요.

"뭐든 좋아. 질문을 적으면 돼."
"한 문장에 꼭 하나의 질문만 적어."

50개? 직접 해 보시면 압니다. 생각보다 어렵습니다. 처음에는 술술 나오다가 20개 정도 지나면 머리를 짜야 합니다. 왜 50개까지 요구했을까요? 질문 개수가 적으면 일차원적이고 표면적이고 장난치는 질문에서 끝나기 쉽습니다. 그런데 50개를 적다 보면 곰곰 생각하게 됩니다. 예전부터 궁금했던 것, 진짜 말은 안 했지만 알고 싶었던 거, 마음 깊숙한 곳에 숨어 있던 질문들이 올라옵니다.

what 질문, how 질문, why 질문

그 질문들을 what 질문, how 질문, why 질문으로 나누어 자신의 성향을 파악하게 합니다. what 질문이 구체적이고 명확한 답을 요구하는 사실적 질문이라면 how 질문은 방법이나 인과를 묻는 추론적 질문입니다. why 질문은 '왜?' 질문으로 비판적이고 창조적인 질문이자 목표와 동기에 대한 질문이라 할 수 있습니다. 참고로 자수성가한 CEO들은 why 질문 애용자들이 많습니다.

그때 제가 정리한 바에 의하면 대부분의 아이들이 what 질문, how 질문을 많이 던집니다. 특히 모범생들이 그 경향성이 강하였습니다. 그에 비해 요주의 학생 혹은 학교 부적응아들은 상대적으로 Why 질문이 많았습니다. 왜 학교에 와야 하나? 수업 시간에 왜 떠들면 안 되나? 학생이 담배 피면 왜 안 되나? 왜 시험은 안 없어지나? ㅎㅎ 신나게 적더군요. 제가 질문의 유형을 간략하게 설명하자 why 질문만 잔뜩 적은 학생이 손을 들고 말합니다.

"샘, 저는 사장감인가 봐요."

"맞네, 너처럼 세상을 색다르게 보는 사람이 누구 밑에서 일하기가 쉽지 않을 거야. 너는 니 사업을 해라."

"옛써얼."

날마다 삐딱하다고 혼났는데 그 삐딱함이 자신의 장점이 되자 으쓱해합니다.

"얘들아, 이 세 유형의 질문 중 무엇이 가장 중요하니?"

아이들이 망설입니다. 하지만 왠지 why 질문이 폼 나 보입니다.

"why 질문 아닌가요?"

"왜?"

"단순히 정답을 찾는 게 아니라 왜 그런지 의심하고 새로운 것을 시도할 수 있는 질문인 거 같아서요."

그때 다른 의견도 나옵니다.

"샘, 다 중요한 거 아닌가요?"

"왜?"

"어차피 살면서 다 필요한 질문 같아서요."

학생들이 질문하면 저는 웬만해서는 답을 안 합니다. 마이크를 다른 학생에게 얼른 넘기는 편이지요. 그러면 저희들끼리 주고받으면서 나올 것이 다 나옵니다.

"나도 그렇게 생각해. 어떤 질문이 중요하냐보다는 내가 어떤 유형의 질문을 많이 하는지 알아차리는 것이 중요하지. 아, 나는 이런 질문만 하고 살았구나. 다음에는 다른 유형의 질문도 던져봐야지 하고 생각할 수 있고, 나는 이런 유형에는 약하니 내가 잘하는 유형의 일을 찾아가는 것이 좋겠구나 하고 알아차릴 수 있으니까."

자기 질문의 유형을 알아차리면 진로에도 보탬이 됩니다. 간호사를 예로 들어볼까요? 아주 섬세하고 치밀하고 정확한 것을 좋아하는 what 유형의 간호사는 어디에 배치해야 할까요? 소아과? 애들한테 혼만 낼 것 같네요. 병원 업무? 그럭저럭 하겠네요. 그런데 중환자실이 더 잘 어울릴 것 같아요. 똑 떨어지는 답이 필요하기 때문에 약간의 수치 변화만 있어도 바로 체크할 거 같습니다. 반대로 비판적이고 창의적인 성향의 간호사는 중환자실에 배치하면 좀 걱정이 되네요. 스스로 변화를 주도할 수 있는 부서로 배치하면 신나게 일할 것 같습니다.

이렇듯 자신의 유형을 알면 그에 맞는 업종이나 업무를 찾기가 쉽고, 하는 일에서 두각을 보이기가 쉬울 겁니다. 무엇이 더 중요한가의 문제가 아니라 나는 어떤 사람인가를 아는 것이 중요합니다.

what 질문	무엇에 대한 질문으로 정확하고 구체적인 정답이 있다.	섬세, 정확, 치밀, 책임감 뛰어나고 완수하려는 경향이 강하지만 새로운 것에 도전하거나 낯선 것을 별로 안 즐김.
how 질문	어떻게(방법)와 왜(인과)에 해당하는 질문.	합리적이고 논리적인 사람으로 타당성을 추구함. 단계적으로 일을 추진하고, 문제가 터졌을 때 뒷마무리를 잘 함.
why 질문	기존의 생각에 의문을 가지고 다르게 생각하는 질문으로, 아주 엉뚱하면 창의적 질문에 해당	삐딱이, 귀차니스트, 발명가, CEO, 상상력과 창의성이 뛰어나고 도전적이지만 구체적인 업무 추진이나 뒷마무리가 잘 안 되는 편.

하지만 이 질문의 유형으로 학생들의 질문 능력을 키우기가 대단히 막연하였습니다. 우리말의 '왜'가 가지는 이중성 때문이었습니다. 우리말의 '왜'는 how 질문이기도 하고 why 질문이기도 하거든요. 게다가 가르치는 제가 익숙하지 않아서 수업에 적용하기가 쉽지 않았습니다. 그래서 새로운 유형으로 바꾸게 됩니다.

질문에도 종류가 있나요?

사고의 유형이 질문의 유형이다

자료 조사와 실제 수업을 통해 저는 저 나름대로 질문의 유형을 다섯 가지로 정했습니다. 이 다섯 가지 유형은 일반적인 사고의 유형에서 도출하였습니다. 수능 국어 문제를 분석할 때 사실적 질문, 추론적 질문, 비판적 질문, 창의적 질문으로 유형을 구분하여 난이도를 예상하거든요. 그리고 또 하나 참고한 것은 국어 교육과정에서 독해의 방법입니다. 국어 교육과정 독서 과목에서는 독해의 방법을 사실적 독해, 추론적 독해, 비판적 독해, 창의적 독해, 감상적 독해로 나누고 있습니다.

처음에는 사실적 질문, 추론적 질문, 비판적 질문, 창의적 질문으로 유형화하였습니다. 그런데 제가 늘 학습지에 활용하는 '마음 힘 키우기'를 넣을 유형이 없었습니다. 뭐지? 자신을 들여다보는 질문을 어디에 넣지? 그래서 '메타인지 유형'이라고 명명을 해 보았는데 좀 안 어울립니다. 그러다 찾은 이름이 '성찰적 질문'입니다. 그제야 묵은 체증이 쏴악~ 내려가듯이 편안해졌습니다.

사고의 유형	독해의 유형	질문의 유형
사실적 사고	사실적 독해	사실적 질문
추론적 사고	추론적 독해	추론적 질문
비판적 사고	비판적 독해	비판적 질문
창의적 사고	창의적 독해	창의적 질문
	감상적 독해	성찰적 질문

그럼 각 질문의 유형을 살펴볼까요?

사실적 질문

- 아침 먹었니?
- 이 사과는 무슨 색이니?
- 누가 이 고양이를 데리고 온 거야?
- 이성계가 조선을 건국한 해는?
- go의 뜻은?

이런 질문이 사실적 질문입니다. 답이 바로 보이죠? 설령 모를 수는 있어도 정답은 있습니다. 예(아니오), 빨강, 철수, 1392년, 가다. 이렇게요. 학생들이 하는 많은 공부가 여기에 속합니다. 지식 정보를 제대로 습득하였는지 묻는 질문이고, 문항을 만들 때 가장 기본적으로 체크하는 유형입니다.

사실적 질문은 표면적으로 드러난 글의 정보를 파악하고 글의 내용과 구조를 체계적으로 이해하고 있는지를 묻습니다. 글을 읽고 글에 나와 있는 요소나 메시지를 찾는 능력은 학습에서 가장 기본이 되는 능력입니다. 이것이 제대로 되지 않으면 읽어도 보지 못하고, 혹은 잘못 볼 수 있습니다.

"샘, 문제 풀 때는 다 맞는 줄 알았거든요. 근데 채점하니까 꽝이에요."

"왜 그렇지?"

"제가 제대로 안 읽나 봐요."

대상을 정확하게 읽는 능력은 인식과 의사소통을 위해 정말 중요합니다. 그래서 모든 교과에서 사실적 질문을 애용합니다. 학생들에게 꼼꼼하게 읽기를 가르치려면 사실적 질문을 하면 좋습니다.

국어 문제 중 '다음 중 윗글과 일치하는 것은?', 혹은 '윗글의 핵심어는?', '다음 단어의 의미는?'과 같은 문항이 여기에 해당합니다. '윗글을 읽고 던진 추가질문으로 적절하지 않은 것은?'과 같은 질문도 사실은 본문에 나온 내용인지 아닌지 묻는 사실적 질문의 변형입니다.

추론적 질문

'추리하다. 논리적으로'가 합쳐진 말이니 논리적으로 인과를 따져 묻는 질문이라 보면 됩니다.

- 왜 밥을 안 먹었어?
- 사과가 빨간 이유는?
- 왜 고양이가 길에 있었을까?
- 이성계가 위화도에서 회군한 이유는?
- He goes to work by bus.에서 go대신 goes로 쓴 이유는?

추론은 겉으로 드러난 정보 외에 생략된 정보를 추측하고, 드러난 단서를 근거로 의도나 결과, 숨겨진 고리를 찾아내는 사고입니다. 추론을 잘하기 위해서는 배경 지식과 경험이 많아야 하고, 드러난 표지나 맥락을 파악하고, 상황에서 생략된 것들을 논리적으로 사고할 수 있어야 합니다. 추리의 대가라 할 수 있는 셜록 홈즈는 양탄자에 떨어져 있는 담뱃재만으로도 담배의 종류와 담배를 피운 시간을 추리해냅니다. 그게 가능하려면 담배에 대한 배경 지식이 어마어마하게 갖추어져 있어야 하고 과학적 현상이나 법칙에 대해서도 빠삭하게 알고 있어야 합니다.

국어 시험은 거의 대부분이 추론적 질문입니다. '밑줄 친 부분을 통해 추론할 수 있는 글쓴이의 가치관은?', '위 주장에 대한 근거로 적절하지 않은 것은?'과 같은 문제가 여기에 속합니다. 수능의 3점짜리 문제는 제시되는 단서나 상황이 많아 여러 변수를, 여러 번 고려해야 하기 때문에 매우 꼼꼼하고 촘촘한 논리로 읽어내야 합니다.

가끔 문학 문제를 풀이할 때 학생들이 짜증을 냅니다.

"샘, 문학에는 정답이 없다면서요?"

"문학 문제에는 항상 정답이 있지. 주어진 조건에 가장 적합한 답을 찾는 것이니까. 논리적으로 가장 타당한 것을 찾아내야지."

"그럼 문학에 정답이 없다는 말은 뭐에요?"

"정답이 없는 건 문학 문제가 아니라 문학 감상이지. 예를 들어 이육사의 「청포도」를 읽고 열 명이 좋다고 해도 나는 그 시를 좋지 않다고 할 수 있어. 하지만 그렇게 주장하는 근거를 타당하게 제시할 수 있어야 해. 타당한 근거도 없이 '그냥'이라고 말하면 그건 주장이 아니라 떼를 쓰는 거지."

"윽, 저는 문학 싫어요. 저는 그렇게 생각 안 하는데 지들끼리 뭐 소시민의 비애니 어쩌니 하는 게 전혀 이해 안 돼요."

"……"

비판적 질문

비판적 질문은 어떤 주장에 대해 그것이 타당하고 공정한지를 따져보는 물음입니다. 즉 논리 자체의 전개가 타당한지 검토하고, 그 논리가 다른 관점에서도 신뢰할 수 있는 것인지 문제제기를 하는 것입니다. 일상적으로 "정말 그래?", "왜 그래야 하는데?" 같은 질문이 여기에 속합니다. 저는 '삐딱하게 바라보기'라고 부릅니다.

- 아침 안 먹는 사람이 얼마나 많은지 알아?
- 사과라고 다 빨갛니?
- 애완용으로 기른다고 고양이가 행복해할까?
- 이성계도 결국 권력욕에 사로잡힌 인물 아닌가?
- 요즘 영어권에서도 문법 파괴가 대세인 걸 모르세요?

우리말의 '왜'는 추론적 질문일 수도 있고 비판적 질문일 수도 있습니다. 추론적 질문의 '왜'가 이미 통용되는 보편적 논리를 이해하기 위한 질문이라면, 비판적 질문의 '왜'는 일반적으로 통용되는 논리적 틀이나 관점에 대해 의심하고 다른 관점으로 사고하는 질문입니다. 같은 '왜'지만 어조가 좀 다르죠.

- 왜 공부를 해야 하는데요?(정말 몰라서 그 이유를 알고 싶어요.)
  – 추론적 질문
- 왜 공부를 해야 하는데요?(학교에서 말하는 공부 말고도 다양한 생존 방법이 있잖아요.) – 비판적 질문

학교 현장에서 선생님들의 속을 확~ 뒤집는 '왜?'는 주로 후자입니다. 왜 뒤집어지나요? 너무나 당연한 것을, 한 점 의심할 게 없는 것을 못 받아들이겠다고 대드니 뚜껑이 열릴 수밖에요. 그런 학생에게 '왜냐하면 ~ 때문이란다.'와 같은 설득은 전혀 먹혀들지 않습니다. 이미 그 학생은 선생님이 생각하는 전제와 당위 자체를 의심하고 있으니까요. 그때는 이렇게 생각해 보는 것이 좋습니다.

'이 아이는 다른 관점에서 문제제기를 하고 있구나. 나와는 전혀 다른 기준을 가지고 있나 보네. 그 기준을 한 번 들어볼까?'

뚜껑이 열린 상태에서 이런 생각을 하기가 쉽지는 않지만 말입니다.

수능 국어 문항을 들여다볼까요? 출제자들은 아니라 하지만 제가 보기에 수능에는 사실적 질문과 추론적 질문만 있습니다. 왜 그럴까요? 진짜 비판적 창의적 질문은 오지선다로 구분할 수 없기 때문입니다. 비판적 창의적 질문의 핵심은 "네 생각은 어때? 다른 방법은 뭐가 있을까?"를 묻는 것입니다. 그러니 정답이 없지요.

수능에서의 비판적 질문은 비판적으로 바라보는지 논리적으로 추론하여 푸는 문제입니다. 매체의 창의적 변용을 묻지만 사실은 매체 변용을 얼마나 논리적으로 타당하게 하고 있는지 묻는 추론적 질문입니다. 마치 화법 문제라고 부르는 1-5번 문제, 작문 문제라고 우기는 6-10번 문제가 사실은 읽기 문제인 것과 같은 이치입니다. 문학 문제도 비슷합니다. 정말 문학 감상 능력이나 비평 능력을 묻는 것이 아니라 감상에 있어서의 논리적 타당성을 묻고 있습니다. 그런 면에서 수능은 오롯이 사실적 추론적 독해 문제만 묻는다고 볼 수 있습니다.

수능에의 올인이 위험한 이유는 반쪽 사고만 키우기 때문입니다. 아니 반쪽을 반쪽이라 하지 않고 전체라고 착각하도록 만들기 때문입니다. 자신의 생각을 키워나가고 다르게 생각하는 법을 가르치지 않고 주어진 것만 받아들이는 획일적이고 순종적인 사람을 양산하기 때문입니다.

약간 곁가지로 빠져 '~에 대해 비판하라.'는 말을 살펴볼까요? 비판은 상대 주장에 대해 반대하라는 의미가 아닙니다. 이때의 비판은 상대의 주장이나 근거가 합리적이고 일관성을 가지고 있는지 따져 보고, 상대의 주장에 대해 공감하는 부분과 동의할 수 없는 부분을 구분하여 검토하는 활동을 의미합니다. 따라서 제대로 된 비판을 하려면 상대가 말하고자 하는 핵심을 정확히 파악할 줄 아는 사실적, 추론적 사고가 필요합니다. 국회의원들이 토론을 못하고 말싸움만 하는 이유는 상대의 말이나 핵심을 제대로 파악하지 못하고 오로지 자신의 생각만 되풀이하여 주장하기 때문입니다. 그런 것은 비판이 아니라 비난이고 모르쇠이고 똥고집이고 고성방가입니다.

제대로 비판하려면 잘 경청해야 하고 제대로 이해하여야 합니다. 나아가 '다른 관점에서 보면 어떨까?'를 항상 질문해야 합니다.

비판적 질문은 당연한 것들을 다른 관점에서 의심합니다. 그 사회의 다수적 입장 혹은 지배적인 입장에서 보면 아주 불순합니다.

- 왕후장상의 씨가 따로 있나?
- 대학 졸업장으로 꼭 능력을 증명해야 하는가?

역사적 사례를 보면 삐딱하게 바라보는 질문이 새로운 논리를 발견하고 창조하는 첫걸음임을 알 수 있습니다. 이런 질문이 사회를 바꾸고 새로운 시대를 만들어가는 토대라는 것도 잘 알고 있습니다. 세상이 달라지고 있습니다. 삐딱한 질문이 필요한 이유입니다.

창의적 질문

창의적 질문은 당연하다고 생각하는 기존의 관계나 관점을 비틀어보면서 새로운 의미나 관점을 만들어내는 질문입니다. 이 질문은 답을 묻는 것이 아닙니다. 질문 자체가 이미 답이고 창조입니다.

- 전화기를 들고 다닐 수 없을까?
- 수박처럼 속이 빨간 사과도 좋겠지?
- 언어 예절을 위해 윗사람이 아랫사람에게 존댓말을 하는 법규를 정하면 어떨까?
- 조선 건국을 찬성한 사대부 세력은 현재 사회에서는 어떤 집단에 해당할까?
- 이 김치찌개 맛을 소리로 표현하면 어떨까?

창의적 질문은 기존의 논리가 아닌 완전히 새로운 논리를 발견하게 합니다. 마치 없던 물건이 발명되는 것처럼요. 에디슨이 축음기를 만들고 스티브 잡스가 스마트폰을 만들 수 있었던 것은 질문을 하였기 때문입니다.

'소리를 저장하여 다시 들려주고 싶어.'

'손안에 모든 세상을 담을 수 없을까?'

위대한 창조는 지금껏 아무도 생각하지 않은 질문을 하는 것에서 시작합니다. 창의적 질문을 하면 대부분 이렇게 반응하겠지요.

"그게 말이 되냐?"

그런 면에서 창의적 질문은 새로운 논리를 발견할 뿐만 아니라 논리를 뛰어넘습니다. 논리를 초월합니다. 예술이 창조 활동인 이유는 이전까지의 관계를 뛰어넘는 새로운 관계를 만들기 때문입니다.

저는 초반기 창의적 질문을 만드는 것이 어려웠습니다. 틀을 뛰어넘고, 경계에 서 보는 일을 많이 해 보지 않았기 때문이겠지요. 지금은 창의적 질문을 만들 때 주로 텍스트를 시공간이 다른 대상과 연결하거나 텍스트와 현실, 텍스트와 다른 예술 범주를 연결하는 식으로 해결합니다.

- 『서울, 1964년 겨울』(김승옥)의 여관은 당시의 단절된 인간관계를 상징적으로 보여주는 공간이라 할 수 있다. 2019년 우리 사회의 인간관계를 상징적으로 보여줄 수 있는 공간을 하나 적고 왜 그런지 근거를 제시하시오.
- 영어의 'P'와 'F'를 구분할 수 있는 한글 자음 기호를 만들면?
- 『사씨남정기』의 주요 인물을 색깔로 표현하면?
- 홍길동이 우리 학교 학생이라면 가장 먼저 무엇을 바꾸자고 했을까?

성찰적 질문

성찰적 질문은 자신의 인지 상태를 인지하는 메타인지 질문과 유사합니다. 하지만 메타인지가 자신이 무엇을 알고 무엇을 모르는지 인지하는 것인데 비해 성찰적 질문은 범위를 확대하여 자신의 생각이나 느낌, 행동 등 모든 것에 대해 외부에서 바라보며 던지는 질문입니다. 성찰적 질문은 자신을 '알아차리기' 위해 던지는 질문이라 할 수 있습니다.

- 이 시가 왜 나에게는 슬픔으로 다가올까?
- 내가 홍길동의 처지라면 어떻게 했을까?

- 내가 진학하고 싶은 학과가 정말 나에게 맞는 학과인가?
- 공부를 하면서도 나는 왜 계속 불안한가?
- 국어 수업 시간, 나의 기분 상태는?

성찰적 질문은 '나 들여다보기 질문'입니다. 우리는 보통 때는 자신의 생각이나 느낌, 행동을 인지하지 않고 지냅니다. 하지만 남의 생각이나 느낌을 읽어 주듯이 자신의 내면도 수시로 봐 주어야 합니다. 그래야 자신의 내면이 하는 목소리를 들을 수 있고, 자신의 삶에 대해 객관적 판단을 할 수 있습니다. 자신의 행동이나 생각을 알아차리면 외부 자극이나 상황에 쉽게 흔들리지 않게 됩니다.

저는 성찰적 질문을 모든 학습지에 '마음 힘 키우기' 형태로 제시합니다. 마음 힘 키우기의 아주 간단한 형태를 소개할까 합니다.

<마음 힘 키우기 1>

「제망매가」를 배워 보니 .... 니다.
왜냐하면 .... 기 때문입니다.

<마음 힘 키우기 2>

새롭게 알게 된 것	수업 활동 중의 내 느낌과 생각	애매하거나 궁금한 것

〈마음 힘 키우기〉는 학생들이 스스로 매 수업 시간에 어떤 기분 상태였는지 왜 그러한지를 알아차리게 해 줄 뿐만 아니라 무엇을 새롭게 배우고 어디에서 어려워하는지를 알게 해 줍니다. 그리고 그것을 통해 학생과 교사가 대화를 합니다.

이강백의 희곡 『파수꾼』을 배운 후 쓴 〈마음 힘 키우기〉 내용입니다.

한나 아렌트가 말한 '악의 평범성'을 등장 인물에게서 발견하였다. 그 책의 '아이히만'과 '파수꾼 다'는 시키는 일을 하였고 그들의 행동이 좋지 않은 결과를 낳았다는 점에서 공통점을 가지는 것 같다. 차이점은 끔찍한 행위를 할 때 아이히만은 아무런 죄책감이나 미안함을 느끼지 못하지만 '파수꾼 다'는 자신의 행위에 부끄러움을 느꼈다는 점이다. 한 순간의 잘못된 선택은 평범한 사람을 악마로 몰아넣는다. 나도 평소에 올바른 선택을 하도록 생각 또 생각해야지.~~ (김○○)

저는 이렇게 짚어줍니다.

이런 창조적 결합을 해낸 것에 박수를 보낸다. 문학 작품을 통해 사회를 보고 자신을 보는 너의 뛰어난 감상 능력을 칭찬해.^^

한눈에 들어오는 질문의 유형

유형	사례	정의	기능
사실적 질문	· 누가 이 고양이를 데리고 온 거야? · 이성계가 조선을 건국한 해는? · go의 뜻은?	· 정해진 답이 있거나 '예, 아니오.'로 대답할 수 있는 질문	· 개별 정보 습득, 주어진 정보를 구조화하여 핵심을 이해함.
추론적 질문	· 왜 고양이가 길에 있었을까? · 이성계가 위화도에서 회군한 이유는? · He goes to work by bus.에서 go대신 goes로 쓴 이유는?	· 생략된 정보를 추측하고 단서를 근거로 숨겨진 인과를 찾는 질문 · 어떤 것의 원인이나 결과를 묻는 질문 혹은 어떤 것의 전제나 결론 중 하나를 묻는 질문	· 이미 통용되는 보편적인 논리를 이해할 수 있음.(이것을 의심하면 비판적) - 원인을 묻는 것 : 사실과 사실 사이의 관계를 묻는 것. - 이유를 묻는 것 : 여러 개 중 하나를 선택할 때 이유가 된다.
비판적 질문	· 애완용으로 기른다고 고양이가 행복해할까? · 이성계도 결국 권력욕에 사로잡힌 인물 아닌가? · 요즘 영어권에서도 문법 파괴가 대세인 걸 모르세요?	· 일반적으로 통용되는 논리적 틀이나 관점에 대해 의심하고 다른 관점으로 사고하는 질문	· 새로운 논리를 발견하도록 하여 문제해결에 보탬이 됨. 전제와 결론의 관계에 대해 새롭게 사고함으로써 세상을 다양하게 볼 수 있음.
창의적 질문	· 영어의 'P'와 'F'를 새로운 한글 자음 기호로 만들면? · 『사씨남정기』의 주요 인물을 색깔로 표현하면? · 『파수꾼』의 '이리 떼'와 같은 역할을 하는 것을 현대 사회에서 찾으면?	· 당연한 것에 대한 질문이나 기존의 통용된 관계를 비틀어보고, 관계없는 것을 관계있다고 생각하거나 있는 것을 없다고 혹은 없는 것을 있다고 생각하는 질문	· 완전히 새로운 논리를 발견하는 질문임. · 새로운 물건을 창조하는 동력이 됨. · 새로운 시선, 관점을 만들어내기 때문에 예술 작품은 창의적 결과물이라 할 수 있음.
성찰적 질문	· 이 시가 왜 나에게는 슬픔으로 다가올까? · 내가 홍길동의 처지라면 어떻게 했을까? · 내가 진학하고 싶은 학과는 정말 나에게 맞는 학과인가?	· 자신의 생각이나 느낌, 행동에 대해 외부에서 바라보며 던지는 질문으로, 자신을 좀 더 깊이 있게 성찰하는 질문	· 자신의 삶에 대해 객관적 판단을 할 수 있음. · 자신의 행동이나 생각을 알아차려 외부 자극이나 상황에 쉽게 휘둘리지 않음.

이해하는 질문과 표현하는 질문

질문의 유형을 다시 두 가지로 분류하면 이해의 질문과 표현의 질문으로 나눌 수 있습니다. 사실적 질문, 추론적 질문은 타인의 생각을 이해하고 경청하는 이해의 질문으로, 공통으로 공유할 수 있는 정답을 가지고 있습니다. 주로 학교 시험에서 다루는 질문들입니다.

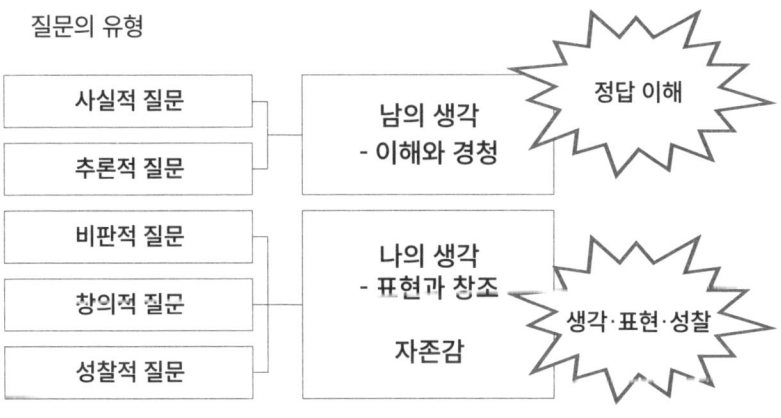

그에 비해 비판적 질문, 창의적 질문, 성찰적 질문은 자신의 생각을 드러내고 성찰하는 표현의 질문입니다. 이것은 정답 대신 '네 생각은 어때?'를 묻습니다. 여기에는 정답이 있는 것이 아니라 타당한 답이 있습니다. '내 생각'이라고 다 가치가 있는 것은 아닙니다. 누구의 생각이든, 어떤 생각이든 타당성을 가질 때 '귀한 생각'이 됩니다. 그래서 누군가 이전에 들어보지 못한 이상한 주장을 하거나 괴상한 논리로 질문을 하면
"말도 안 되는 소리하지 마."
이렇게 말하지 말고
"왜 그렇지?"

"어떻게 그런 생각을 하게 되었니?"
라고 질문해 주어야 합니다.

위에서도 말했지만 주장은 무엇이든 할 수 있습니다. 그 주장을 뒷받침하는 이유나 근거가 타당하기만 하다면 낯선 주장은 창의적 생각이 될 수 있고, 깊이 있는 생각이 될 수 있습니다.

"그럼 사실적, 추론적 질문을 점점 줄여야 하나요?"

"아닙니다. 학생들은 공부하는 사람입니다. 공부는 기본적으로 이해에 바탕을 두고 있습니다. 이해는 사실과 추론적 사고를 통해 확대되므로 당연히 얼마나 이해하고 있는지, 제대로 이해하고 있는지 질문해 보아야 합니다. 다만 수업 시간에 교사가 던지는 질문이 사실과 추론적 질문에만 머물러 있다면 안 된다는 것이지요."

"진도 나가기 바빠 '네 생각이 어떠니?'를 묻기가 어렵습니다. 그런 질문을 하려면 생각하고 조사할 시간을 주어야 하고 발표하는 시간까지 필요한데 그러면 수능 진도를 다 뺄 줄 수 없습니다."

"그래서 교사는 스스로에게 질문하고 선택해야 합니다. 학생들에게 지식 낱개를 던져 그대로 암기하는 수업을 할 것인지, 학생들이 스스로 묻고 탐구하는 수업을 할 것인지 말입니다. 질문하고 탐구하는 수업이 많은 것을 가르치지 못한다고 생각하는 것은 어쩌면 안 해 봐서, 아직 수업의 가속도가 붙지 않아 가지는 선입견일 수 있습니다."

"그래도 저는 아이들에게 다 가르치고 싶어요. 안 그러면 제가 불편합니다."

"선생님이 설령 다 가르쳤다 해도 학생들이 그것을 다 이해하지 못하고 학습에 대한 흥미를 가지고 지속적인 학습을 하지 못한다면, 그건 선생님의 자기만족일 수 있습니다. '난 다 가르쳤다. 모르는 것은 너희 탓이

다.' 과연 그럴까요?"

"수능이라는 국가 시험제도가 있는데 그것을 무시할 수는 없습니다. 아이들을 사교육으로 내몰 수는 없잖아요. 내가 안 가르치면 아이들이 배울 수 없는데 오히려 그것이 더 무책임한 거 아닌가요?"

"학습의 즐거움을 맛보고, 공부의 방법을 익히고 무엇보다 공부의 필요성을 느끼게 되면 학생들이 공부할 수 있는 방법은 참으로 많습니다. 교육방송도 있고, 또래 학습도 있고, 스스로 학습도 있습니다. 지식을 가르치는 교육이 필요 없다는 것이 아니라 공교육인 학교 교육에서는 다른 곳에서 배울 수 없는 것을 꼭 가르쳐야 한다는 것을 말씀드리고 싶습니다. 누구나 해 줄 수 있는 교육이 아니라 학교 아니면 가르쳐 줄 수 없는 교육을 좀 더 확장해 보자는 것이지요."

왜 수업은 질문인가요?

질문하는 아이

친구가 독일인과 이런 이야기를 나누었다고 하네요.
"독일 애들은 수업 시간에 손 잘 드니?"
"필요한 만큼."
"언제 손을 들어?"
"궁금한 것이 있을 때 손을 들어. 너희도 그래?"
"아니, 우리는 주로 대답을 하기 위해 손을 들어."
"그럼 궁금하거나 의견이 다를 때는 어떻게 표현을 해?"
"표현을 거의 안 해."
"……"

그 친구의 말에 의하면 독일 학생들은 선생님의 설명이 이해가 안 되거나 자기 생각과 다를 때는 계속 질문을 하고 이해가 될 때까지 자기 생각을 표현한다고 합니다. 그러면 둘 중 하나가 되겠지요. 드디어 자신이 이해가 되든지 아니면 선생님을 설득시키든지. 어찌 되든 모르는 체 그냥 넘어가지는 않는다는 말이네요.

수업은 질문입니다. 이 말은 수업에 질문을 활용하는 것을 넘어섭니다. 교사가 질문하고 학생이 답하는 기존의 질문 수업을 넘어섭니다. 학생 스스로 질문하는 능력을 가질 수 있도록 수업하는 것을 의미합니다. 수업을 통해 학생들의 질문하는 힘을 키워주면 그 힘으로 학생들은 자신의 인생을 살아가는 힘을 가지게 됩니다. 평생 스스로 공부하고 참 괜찮은 사람이라는 것을 경험하게 됩니다. 우리의 수업은 스스로 질문하는 사람을 지향합니다.

질문은 궁금증의 표현입니다

궁금하면 묻습니다. 궁금한 것을 알게 되면 흐뭇합니다. 가끔은 질문을 함으로써 궁금한 것 이상을 알게 되고, 그런 자신이 참 괜찮아 보입니다. 질문을 자꾸 해 보면 질문 거리가 자꾸 많아집니다. 그만큼 알아가는 것도 많아집니다.

질문은 표현의 도구입니다

말을 하고 싶으면 우리는 괜히 묻습니다. 속에 가득 든 말을 끄집어내고 싶어 질문을 합니다. 질문은 대화니까요.
"너는 어때?"
"그러는 너는 어떠니?"

누군가 나에게 물어주는 것이 좋습니다. 묻지 않는데 말하기는 어렵거든요. 말하는 것이 쑥스러워도 말하고 나면 시원합니다. 어떤 때는 엉켜있던 것들이 말을 하기 시작하면 마법처럼 풀립니다. 표현이 중요하다는 말이 무슨 뜻인지 알 거 같습니다.

질문은 경청하게 합니다

보통 때는 안 듣던 아이도 자기가 질문한 것에 대해서는 귀를 쫑긋합니다. 궁금했으니까요. 묻고 듣고, 또 묻고 듣다 보면 듣는 자세가 달라집니다. 선생님이 같은 내용의 수업을 해도 일방적으로 설명하는 것보다 자꾸 물어주고 확인해주면 더 잘 듣게 됩니다. 학생들이 대답을 못 하면 '잘 봐, 얘들아. 다시 설명해 줄게.' 하면서 한 템포 늦추어주니 아이들이 더 잘 듣습니다.

질문은 다르게 생각하는 힘을 키웁니다

다른 사람의 말을 경청하다 보면 생각의 울타리가 넓어집니다.
'그렇구나. 그럴 수 있네.'
진짜 경청은 자신과 다른 생각도 허용하는 것입니다. 듣지 않았으면 절대 몰랐을 속사정도 알게 되고, 사람마다 기준이 다르다는 것도 알게 되면서 마음도 넓어지고 아는 것도 많아집니다. 아집을 버리게 됩니다. 융통성이 생기고 다양성을 인정할 줄 압니다. 세상이 더 넓어지고 더 많은 친구가 생깁니다.

질문은 협력하게 합니다

질문은 '함께'의 힘을 알게 합니다. 혼자 해결하기 어려운 문제를 묻고 경청함으로써 함께 해결할 수 있습니다. 자신이 아무리 전문가라 해도 모든 것을 알 수는 없기에 다른 사람이 꼭 필요하다는 것을 알게 됩니다. 함께 있는 사람들이 고맙습니다. 또한 자신도 누군가에게 보탬이 될 수 있어 행복합니다.

질문은 성찰하게 합니다

질문이 바깥으로만 가는 것이 아니라 내면으로도 향합니다. 남에게 묻던 것에서 이제 스스로에게 묻는 경지로 올라갑니다.
'나는 왜 그 말에 화가 났을까?'
'내가 듣고 싶은 말은 무엇이있을까?'
타인과의 대화에서 이제 점점 자신과의 대화로 옮겨가게 됩니다. 자신을 알아차리게 됩니다. 알아차림이 커질수록 자신과의 관계도 평화로워집니다. 그러면서 우리는 참 괜찮은 사람이 됩니다.

질문하는 힘을 키우는 수업은 스스로 답을 찾는 주체를 키웁니다. 학생은 배우는 사람에서 스스로 질문하는 어른이 되어갑니다. 살아가는 힘을 가르치는 것이 교육이라면 질문은 교육의 아주 좋은 방법, 아닐까요?

질문 만들기 연습해 볼까요?

질문, 교사가 먼저 연습합니다

수업은 다섯 가지 유형의 질문이 수시로 드나들어야 좋습니다. 어느 한쪽으로 치우치지 않도록 하되, 학습 목표에 따라 시의적절하게 배분합니다.

심청전을 가지고 연습해볼까요?

사실적 질문	심청이가 빠진 바다 이름은?
추론적 질문	뺑덕 어미는 왜 심 봉사의 돈을 가지고 도망쳤을까?
비판적 질문	심청이가 인당수에서 죽은 것을 효도라 할 수 있을까?
창의적 질문	오늘날에도 심청이 같은 사람이 있을까?
성찰적 질문	나는 부모님을 위해 어떤 일을 하고 있는가?

질문 만드는 연습을 많이 해 보기 바랍니다. 교과서 지문을 읽고 혼자서 질문을 많이 만들어 보세요. 그러면 무엇을 가르칠지 감이 잡히고 구도가 잡힙니다.

텍스트를 이해하는 능력이 숙달되어야만 교사는 능수능란하게 수업을 이끌어갈 수 있습니다. 텍스트 이해 능력을 키우는 가장 좋은 방법은 스스로 질문을 만드는 것입니다. 아는 것, 모르는 것, 애매한 것 뭐든 좌악~ 질문으로 적다 보면 꼭 가르쳐야 할 것들이 보이고, 그것을 어떻게 풀어낼지도 보입니다. 수업 방법? 너무 걱정하지 않아도 됩니다. 텍스트를 혼자 이해할 수 있고 분석할 수 있다면 그리하여 다양한 질문을 만들 수 있다면 수업 방법은 다양하게 변용할 수 있으니까요. 결국은 자신의 성격과 취향에 가장 잘 맞는 수업 방법으로 가게 됩니다.

교사의 질문 능력을 키우는 것이 수업 준비의 핵심입니다. 교사용 참고서나 시중의 참고서를 옆에 두시면 아니 되옵니다~. 문제 낼 때도 가능하면 옆에 두지 마십시오. 질문 수업을 한다면 수업 시간에 함께 풀었던 질문으로 문제를 충분히 만들 수 있습니다.

학생 주도 학습을 가르치고 싶으면 교사가 먼저 교사 주도 수업 준비를 할 수 있어야 합니다. 오로지 텍스트만 읽고 질문하십시오. 그리고 아이들도 텍스트만 놓고 질문하도록 수업하면 됩니다.

산에는 꽃 피네, 왜?

질문을 화두로 수업을 바꾸어 나가자 학생들의 자발적인 수업 동참이 늘었습니다. 무엇보다 수업이 예상대로 가지 않고 예기치 않게 흘러가는 경우가 많아 재미있어졌습니다.

김소월의 「산유화」 시로 수업을 하였습니다. 연배가 있는 분은 '저만치'라는 시어를 기억하시겠네요. 한 번 읽어볼까요?

산유화

김소월

산에는 꽃 피네
꽃이 피네
갈 봄 여름 없이
꽃이 피네

산에
산에
피는 꽃은
저만치 혼자서 피어 있네

산에서 우는 새요
꽃이 좋아
산에서
사노라네

산에는 꽃 지네
꽃이 지네
갈 봄 여름 없이
꽃이 지네

「산유화」 수업은 이렇게 이루어집니다. 먼저 소리 내어 함께 읽습니다. 필요하면 바로 그 자리에서 외우게 해도 됩니다. 이 시는 아주 간단한 형식으로 운율을 살려 쓴 시라 외우기 쉽습니다. 글자 한두 자 틀린 것은 놔두고 전체 흐름을 익게 합니다. 시 수업할 때 제가 꼭 지키는 것은 교사가 미리 설명하지 않는 것입니다. 좋다 나쁘다는 말도 절대 안 합니다. 학생들이 느낄 수 있는 여백을 주기 위해서입니다.

"시가 어때? 맘에 드니?"
여러 반응이 나옵니다.

그다음 시 내용을 그려봅니다. 이 시에는 꽃과 새, 산이 나옵니다. 학생마다 각자 자신이 생각하는 꽃과 새와 산을 그립니다. 평평한 산, 뾰족한 산, 길다란 산, 한 송이 꽃, 꽃더미, 큰 새, 작은 새 참 다양하게도 그립니다.

이제 시를 읽으며 일어났던 궁금증을 질문으로 적게 합니다.
"무엇이든 좋아. 질문은 다 좋은 거야."
"나쁜 질문은 애초에 없어."
"세 개 이상 적어봐."

학생들이 개별적으로 만든 질문을 칠판에 나와 적도록 합니다. 10명 이상 혹은 전체 다 나와서 적게 해도 됩니다. 놀라워라? 교사가 설명하고 싶은 내용은 거의 다 나옵니다. 시 이해에 꼭 필요한 질문부터 뜬금없는 질문, 아주 창의적인 질문까지. 하지만 이 말을 보탭니다.

"혹 여기에 자신이 더 적고 싶은 질문 있으면 나와서 적어요."

이때 나오는 아이들의 질문은 참 의미 있습니다. 꼭 답을 알고 싶다는 의지의 질문이기도 하고, 내용적으로 심화 질문이 많기 때문입니다.(좋은 질문을 만들었다면 누구나 자랑하고 싶을 거예요.) 아이들이 만든 질문입니다.

왜 작은 새일까?
왜 계절의 순서가 바뀌었을까?
갈은 무엇일까?
겨울은 왜 언급하지 않을까?
무슨 꽃일까?
꽃이 왜 혼자 피어 있을까?
꽃은 왜 저만치 멀리 피어 있을까?
꽃과 새의 상관관계는 무엇일까?
계절에 상관없이 꽃이 피고 진다는 의미는?
왜 꽃은 하나인가?
꽃은 왜 필까?
'사노라네'의 뜻은 무엇인가?
왜 굳이 꽃을 산에 핀다고 적었을까?
1연에서는 꽃이 피고 4연에서는 왜 진다고 했을까?

질문이 나왔으니 이제 답을 찾아볼 시간입니다. 먼저 질문을 종류별로 묶습니다.(이 분류를 학생들에게 맡겨도 좋습니다.) 답을 알 수 없는 질문, 지문에서 바로 찾을 수 있는 것, 여러 번 추론을 해야 하거나 새로운 관점에서 봐야 하는 것 등으로 분류합니다.

"이 새의 이름은 무엇일까?"

"이 꽃은 어떤 꽃일까?"

이 두 질문은 답이 없습니다. 시를 아무리 읽어도 알 수 없죠. 답이 없다는 것은 모두가 답이라는 것이지요. 아이들에게 맘대로 적게 합니다. 제비꽃, 진달래, 들국화 등등

쉽게 답을 찾을 수 있는 질문입니다.

갈이 무엇인가?

왜 봄여름가을이라 하지 않고 갈봄여름이라고 했을까?

"얘들아, 갈이 뭐니?"

한 무리가 '가는', 또 한 무리가 '가을'로 대답합니다. 뭐가 맞겠니? 봄여름과 연계하여 아이들이 '갈'이 가을이라는 것을 알아냅니다.

"그런데 왜 가을을 갈로 표현했어요?"

학생이 묻습니다. 글쎄? 제가 멈칫합니다.

"왜 그랬을까?"

"운율 때문에 줄여놓은 거지."

이런 답은 주로 모범생이 합니다.

그때 한 명이 답합니다.

"가을이 짧잖아."

와우, 환호성이 피어오릅니다. 정말 멋진 답이네요. 이 대답을 한 학생

은 거의 수업을 하지 않는 학생인데 자신의 답에 친구들이 환호를 하자 급 놀라는 표정입니다. 이 학생이 수업에 어떤 태도를 보일까요? 당연히 한 시간 내내 열심히 합니다. 다시 대답할 찬스를 찾으면서 말이지요.

좀 더 깊이 논의해야 할 질문들을 골라 학습지에 적고 모둠 대화를 하도록 합니다.

- 1연에서는 꽃이 피는데 왜 4연에서는 꽃이 지는가?
- 꽃은 왜 저만치 혼자서 피는가? 그 의미가 무엇인가?
- 꽃과 새를 통해 이 시에서 말하고자 하는 바는 무엇인가?
- 자신이 '저만치 혼자 핀 꽃'과 같다고 느낀 적이 있는가? 그럴 때는 어떻게 하나?

쉽게 찾아내기도 하고 의견이 분분하기도 합니다. 답을 찾지 못하는 문제도 있고, 답이 영~ 안 나오는 모둠도 있습니다. 모둠 대화가 어느 정도 진행되면 전체 발표를 합니다. 이때는 교사가 사회를 보면서 교통정리를 해주는 것이 좋습니다. 서로의 답이 다르면 아주 재미있습니다. 교사는 바로 판별해 주지 않고 싸움을 조장(?)합니다. 반 전체가 참여하는 미니 토론이 일어납니다.

"왜 그렇게 생각하나요?"
"상대 의견에 다시 질문하세요."
"수세에 몰린 팀을 구원해줄 흑기사 있나요?"

가장 타당하고 합리적인 의견이 나올 때까지 논의가 계속됩니다. 이렇게 하면 대부분 문제는 해결됩니다. 학생들이 궁금해서 귀를 기울입니다. 아니다 싶으면 손을 번쩍 들지요. 하고 싶은 말을 할 수 있도록 기회만 주면 학생들은 참 열심히 공부에 참여합니다.

꽃도 새가 좋을까?

이 수업을 할 때 쓴 수업 성찰록의 일부를 그대로 옮겨봅니다. 저는 가능하면 당시 상황이 드러나게 구어체로 성찰을 합니다. 아이들이 쓴 활동지 사진도 찍어놓고, 답을 하나하나 체크합니다. 시간요? 많이 걸려요.^^ 그래도 이렇게 수업 일기를 적어 놓으면 다음 수업에도 보탬이 되고 뭐랄까 살아온 흔적 같아 기분이 좋습니다.

<산유화 수업 성찰록>

"오늘은 이 시를 공부할 거야."

그러자 "시를 공부하겠다는 미친 제지"라는 말을 한다. 전 시간 배운 오규원의 「프란츠 카프카」를 기억하고 있다는 말이다. 기특하다.

"ㅎㅎ 우리는 시를 공부하기 전에 시를 한 번 느껴보도록 하자."

한 번 읽자. 그리하여 국어 시간에만 들을 수 있는 가장 아름다운 하모니를 듣는다. 아이들이 입을 맞추어, 호흡을 맞추어 한 소리로 시를 읽는 장면만큼 아름다운 것이 있을까?

그렇게 기본적으로 시를 읽고 외우게 유도한 뒤 그림으로 그려보도록 했다. 1분만 시간을 준다. 그리고 세 명을 불러 칠판에 그리도록 한다. 서로 얼마나 다른 분위기로 그려지는지. 자기들도 놀란다. 아이들이 끊임없이 움직이고 활동하면 교실은 살아난다.

'나도 살아있어요. 나도 움직이고 있어요. 나도 생각하고 있어요.'

요즘 수업에 방관자로 있던 남학생 몇 명이 제법 수업에 동참하고 있다. 잠으로 자신을 증명하던 아이들이, 졸업만 하면 된다고 하던 아이가 슬금슬금 책을 보고 나랑 눈을 맞춘다. 고맙다. (중략)

모둠별 논의하는 것을 들어보니 아이들이 시를 어떻게 해석하고 접근하는지 알겠다. 약간 아쉬운 이야기지만 시를 시로 보기보다는 그냥 언어로 본다. 그동안 시를 여러 개 배웠지만 여전히 시 해석과 분석은 낯선 아이들. 시어를 과학적 언어, 사실적 언어로만 본다.

"왜 새가 산에서 울고 있을까?"
"산새니까."
"왜 꽃이 혼자 피어 있어?"
"땅이 황폐해서 그런 거 아냐? 자연 파괴."
이런 대화는 주로 이과반에서 나온다.

얘들아, 함축적 언어로 시어를 좀 해석해 봐.

"왜 혼자서 피어 있을까?"
"외로운 거지. 꽃이 외로운 거야."
"아니 꽃을 보는 사람이 외로운 거야. 그러니까 외로움을 부각시키기 위해 그렇게 표현한 거야."
오호, 이 정도면 아주 좋은 접근이야.

아이들의 질문 중 나를 감동시킨 것.
"꽃도 새가 좋을까?"

세상에 나쁜 질문은 없습니다

끄집어내는 질문

질문은 '이해의 질문'과 '표현의 질문'으로 나눌 수 있습니다. 저는 그것을 '집어넣는 질문'과 '끄집어내는 질문'으로 부릅니다. 예전에는 주로 교사가 질문하고 학생이 답을 하였습니다. 하지만 이제는 학생들이 직접 질문을 만들고 답을 찾는 수업이 제법 정착되어 있습니다. 정말 다행입니다.

그럼 어떤 질문을 하도록 가르칠까요? 당연히 '끄집어내는 질문'을 해야 합니다. 김유정 소설 『만무방』을 예로 들어볼까요.

<집어넣는 질문>
- 이 책의 주인공은?
- 이 소설의 배경은?
- 응칠이는 왜 고향을 떠났는가?
- 응오는 먹고 살기 위해 어떤 행동을 하였는가?

- 응칠과 응오의 행동을 통해 인물의 성격을 비교해보면?
- 응오의 행동에 대해 작가는 어떤 입장을 취하는가? 그 근거는?
- 이 글의 줄거리는?
- 이 소설의 주제는?
- 이 소설의 문학사적 의의는?

<끄집어내는 질문>
- 이 책이 재미있었는가?
- 이 책에서 가장 인상 깊은 장면은? 그 이유는?
- 응칠이의 행동에 대한 당신의 평가는? 그 이유는?
- 당신이 응오라면 어떻게 할 것인가? 그 이유는?
- 이 책의 주제에 대한 당신의 입장은?
- 이 책이 자신에게 준 영향은?
- 이 책과 연계해서 더 조사해 보고 싶은 내용은?
- 이와 유사한 상황이나 경험이 있는가?
- 오늘날에도 이와 같은 일이 벌어질까?

일부러 대조적으로 적어 보았습니다. 차이가 느껴지죠. 사실과 지식 정보를 확인하는 것이 집어넣는 질문이라면 사실과 지식 정보에 대한 독자의 입장과 의견을 묻는 것이 끄집어내는 질문입니다. 사실적·추론적 질문이 이해를 위한 집어넣기 질문이라면 비판적·창의적·성찰적 질문은 표현을 위한 끄집어내기 질문이라 볼 수 있습니다.

모든 수업은 집어넣는 질문과 끄집어내는 질문 모두 필요합니다.

"잠깐! 끄집어내기 질문이라는 것도 책에 대한 일차적인 읽기와 분석이 있어야 하는 것 아닌가요?"

"맞습니다."

"그렇다면 먼저 내용 확인하는 질문을 해야 하지 않나요? 내용도 모른 채 평가한다는 것이 말이 안 됩니다."

"맞습니다."

"그런데 왜 그런 내용 확인 질문이 전혀 없지요?"

"위의 질문에 답하기 위해서는 내용 확인을 하지 않을 수 없기 때문입니다. 응오의 행동이 어떤 것인지를 모르는데 어찌 자신의 입장을 이야기할 수 있겠습니까? 모든 주장과 비판은 상대 주장의 이해를 전제로 합니다."

"그럼 결국 두 개의 질문을 하나로 줄여놓은 거 아닌가요?"

"그렇게 느낄 수 있습니다. 하지만 가장 큰 차이는 질문의 핵심이 위의 것은 '책 이해'이고 아래 것은 '나 이해'라는 점입니다. 나를 이해하기 위한 매체로 책이 존재합니다. 나와 상관없는 책이 아니라 끊임없이 나와 연결되고 내 삶으로 침투하는 책이지요."

"굳이 이런 질문을 해야 하는 이유가 있나요?"

"네, 있습니다. 책을 통해 정답을 찾는 것이 아니라 내 삶의 질문과 해답을 찾는다는 것을 알려주기 위해서입니다. 그러기 위해서 질문은 '그들'에 대한 것이 아니라 '나'에 대한 것이어야 합니다. 우리는 누구나 삶에 대해 관심이 많고 또 잘 살고 싶은 욕망이 있으니까요."

"결국 아이들이 책을 읽도록 하기 위한 방법이군요?"

"단순히 읽도록 하기 위해 질문을 만든다면 그 읽기 지도는 오래가지 못합니다. 교사는 분명히 그 점을 인지하고 있어야 합니다. 우리는 최선을 다해 학생들이 책과 가까워지도록 노력할 뿐입니다. 그 책을 읽을지 말지는 학생의 몫입니다. 그것까지 인정해야 합니다."

정답 없는 질문

　수업 컨설팅을 해 보면 수업이 많이 바뀌고 있음을 확인하게 됩니다. 교사가 일방적으로 설명하는 수업이 줄고, 학생들에게 질문하고, 학생들이 탐구하여 문제를 해결하는 학생 활동 중심 수업이 많이 늘었습니다. 하지만 여전히 정답 찾는 질문과 활동이 많습니다. 정답은 맞는 답이기도 하고 이미 정해놓은 답이기도 합니다.

　정답이 아니면 교사는
"아니지."
하고 판정을 내려야 합니다.

　'아니야.'란 부정어는 정말 무서운 힘을 가지고 있습니다. 수업에 참여하려던 아이들이 점차 자신이 없어지고 틀리는 것에 부담을 가집니다. 침묵합니다. 내가 말해봤자 정답이 아닐 거 같고, 무지한 것을 굳이 들키고 싶지도 않습니다. 이제 대답하는 학생이 소수밖에 없습니다. 공부 잘하는 아이들이지요. 매번 정답맨이 칭찬을 듣고 나머지는 침묵합니다. 수업이 재미없습니다. 할 일이 없는 아이들이 잠을 잡니다.

　그러니 선생님도 이제 질문을 안 합니다. 아이들이 대답을 안 하니까요. 몇 명만 하는 대답도 사그라지고 일방적으로 강의하고, 묻고 바로 답하는 자문자답형의 폐쇄적인 수업이 이어집니다. 솔직히 말씀드리면 학생들이 질문을 하지 않거나 대답을 하지 않는 이유는 전적으로 선생님에게 있습니다. 생각하는 길을 막아 놓았으니까요.

　학생들이 생각하게 하고 말문을 트게 하려면 어떻게 해야 할까요?
　정답 없는 질문을 하면 됩니다.
　정답이 없다는 것은 무언가요?

바로 "네 생각은 어때?"를 묻는 것이지요.
"너는 무슨 과일을 좋아하니?"
정답이 없습니다.
그다음에 꼭 물어야 합니다.
"왜?"
그리고
"아 그렇구나. 그래서 좋아하는구나. 대답해주어 고맙다."
이 패턴대로 하면 됩니다.
"너라면 어떻게 할래?"
이런 질문도 정답이 없습니다. 위의 순서대로 묻고 경청하고 감사하면 됩니다. 이런 종류의 질문은 누구라도 대답할 수 있습니다. 공부를 잘하든 못하든 상관이 없지요. 오히려 성적이 나쁜 축에 속하는 아이들이 기발한 답을 잘 냅니다. 수업 외 경험이 많은 아이들이 실질적인 답을 줍니다. 그네들은 교실에서 교과서로 정답을 찾는 공부에 익숙하지 않을 뿐 나름대로 다 자신의 공부를 히면서 살고 있기 때문이지요.

가끔은 정답이 없는 질문인 줄 알았는데 누구나 공감할 수 있는 합리적인 답이 나오는 경우도 있습니다. 이것이 창의적인 대답입니다. 창의적인 답은 절대 뜬금없는 소리가 아닙니다.

'왜'를 반복하는 질문

『자전거 도둑』(김소진)이라는 소설에서 여자 주인공 서미혜는 남의 자전거를 훔쳐 타는 버릇이 있습니다. 허락도 받지 않고 실컷 타고는 다시 그 자리에 갖다 놓습니다. 다시 돌려준다고는 하지만 도둑은 도둑입니다. 그녀가 왜 자전거를 훔쳐 타는지 작품에는 나오지 않습니다. 다만 예전에 자신의 잘못으로 오빠가 죽었다는 과거 이야기가 나오지요.

"이 여주인공은 왜 자전거를 훔칠까?"

"짜릿하잖아요."

이 대답에 친구들이 야유를 보냅니다.

"왜 짜릿해?"

제가 그 말을 받아서 묻습니다.

"도둑질이 원래 들킬 위험을 가진 행동이잖아요. 아마 남의 자전거를 타면서 그런 쾌감을 느끼는 거 아닐까요?"

"하지만 들켰을 때는 매우 큰 어려움을 당할 텐데, 왜 그런 위험을 감수하는 거지? 경제적으로 자전거를 살 수 없는 상황도 아닌 거 같은데."

"훔치는 걸 즐기나 봐요."

"미혜가 훔치는 걸 즐긴다. 어떤 심리에서 그럴까? 일반적인 사람들은 위험 때문에 훔치지 않잖아."

"혹, 샘~"

다른 아이가 갑자기 무언가 생각난다는 듯이 다급하게 큰 소리로 말합니다.

"미혜라는 여자가 자신을 혼내려는 것이 아닐까요? 도둑질하다가 걸리면 큰일 나잖아요. 정말 자신이 큰일 날 상황으로 자꾸 몰고 가는 거지요."

"왜 자신을 혼내려 하는데?"

"과거에 자신의 잘못으로 오빠가 죽었잖아요. 아마 혼은 났겠지만 그때 그냥 상황이 수습된 거 같아요. 하지만 미혜 자신에게는 큰 죄의식이 남았을 거 같아요. 나는 나쁜 사람이야, 나는 혼나야 해. 언젠가 크게 혼이 날 거야. 이런 식으로 말이지요."

"오우, 와 대단하다."

아이들이 초집중을 합니다.

"그래서 자신이 혼날 상황으로 행동을 무의식적으로 한다, 그 행동이 남의 자전거 훔쳐 타기다. 그런 이야기구나."

어떤가요? 이 학생의 논리가. 이게 정답이냐구요? 모르겠어요. 다만 이 주장의 논리적 타당성을 찾아볼 뿐이고 우리가 모두 '올~' 하면서 감탄한 것은 그 논리적 타당성을 인정했기 때문입니다. 작가가 모든 것을 답해놓지도 않을뿐더러 작가가 그 이유를 말해 놓았다 해도 그것이 타당하지 않다면 비판적으로 사고할 수 있어야 합니다. 새로운 인과관계 찾기, 무관한 대상들의 연결고리 찾기, 이것이 창의적 사고의 핵심이지요.

학생들이 기존 논리의 둑을 투둑투둑 넘어서는 장면은 교사가 질문으로 충분히 이끌어낼 수 있습니다.

"뭐니?"

라고 묻시 말고

"왜?"

"너는 어떻게 생각하니?"

라고 물어주면 됩니다.

질문 자체를 칭찬해줍니다

"질문과 발표로 수업하다 보면 수시로 시끌벅적 야단법석이 됩니다."

"그걸 두려워해서는 안 됩니다. 정숙과 질서에서는 새로운 것이 안 나옵니다. 획일과 강요의 공부는 재미가 없습니다."

"그래도 너무 시끄러워 옆 반에 미안해요."

"교사가 충분히 제어할 수 있습니다."

"어떻게요?"

"학생들이 '저 선생님은 누구의 말이라도, 설령 엉뚱한 말이라도 귀 기울여 들어주고 꼭 말할 수 있는 기회를 주는 사람'이라는 신뢰를 가지게 되면 그리 소리 지르지 않습니다. 기다려 줍니다."

"하지만 매번 정답 없는 질문만 해서는 진도를 못 나가지요."

"당연합니다. 학생들은 새로운 지식을 익혀야 하기 때문에 정답 있는 질문에 꾸준히 노출되어야 합니다. 그것은 나쁜 것이 아닙니다. 다만 학생들이 무엇을 궁금해 하는지, 어디에서 막혀 진도가 안 나가는지를 확인하지 않는 수업이 나쁩니다. 학생들이 무얼 모르는지 어떻게 알 수 있을까요? 바로 질문입니다. 교사가 질문하고, 학생 스스로 질문하게 하면 알 수 있습니다."

"엉뚱한 질문을 많이 해요."

"그럼 수업 분위기가 흔들리죠."

"그래서 못하게 제지를 하면 이내 자요."

"그게 비록 엉뚱한 질문이라 해도 그 아이는 선생님께 관심을 표하는 것입니다. 그리고 엉뚱하더라도 진짜 궁금한 것일 수도 있고요. 그런 질문이라도 무시하지 않고 인정하고 받아주고 다시 되물어주면 엉뚱한 질문이 줄어듭니다. 내 말을 선생님이 받아주는데 굳이 엉뚱한 말로 주의를 끌 필요성이 없어지니까요. 시간이 걸리겠지만 질문 그 자체를 칭찬해 주셔야 합니다."

"질문 자체를 칭찬해야 하는군요."

"몰라서 물었는데 '그것도 모르나?' 하면 앞으로 절대 안 묻습니다. 학생의 질문은 그 자체가 '알고 싶다'는 의지입니다. 궁금증은 학습의 가장 중요한 내적 동인입니다. 질문하는 학생을 지속적으로 칭찬하세요. 그게 참 배움이라고 추켜올려 주세요. 아이들이 춤춥니다."

세상에 나쁜 질문은 없습니다.

02
국어 교육이 뭘까?

3장 국어 교육의 힘

4장 제대로 표현하는 힘

3장
국어 교육의 힘

왜 국어 공부를 하나요?

국어 필요 없는데요

"샘, 우리는 국어 필요 없는데요."

특성화고 학생이 국어가 필요 없다고 합니다. 공부하기 싫어 말하는 서 나 아는데도 속이 상합니다. 저 아이들에게 거부낭한 것이 내가 아니라는 것을 알아도 버림받은 마음입니다. 중학교나 인문계 고등학교에서는 그나마 국어가 필요 없다는 말을 하지는 않습니다.

"우리는 기계 만지고 살 거예요. 이딴 국어 안 배워도 괜찮아요."

'이딴 국어'

그동안 국어 교육의 방향이나 수업 방법을 위해 발품을 판 이유는 위의 말 때문이었습니다. 지금 생각하니 얼마나 고마운지요. 문제풀이 수업에 답답함을 느끼지만 고분고분한 인문계 학생들만 가르쳤다면 그냥 공부 안 한다고, 쓸데없는 소리한다고 혼냈을 겁니다. 살아 보니 웬수가 늘 은인입니다.

이딴 국어 같은 거! 이제는 인문계 고등학교에서조차 이런 말이 나옵니다. 이딴 국어는 어떤 것인가요? 학생들의 수준을 고려하지 않고 가르치는 것입니다. 왜 가르치는지도 모르고 혼자 열변하는 강의식 국어 수업입니다. 학생들이 왜 배워야 하는지 고민하지 않고 가르치는 수업입니다. 배워도 삶에 하나도 도움이 안 되는 국어 수업입니다.

"근래 읽은 책 중 추천해 주고 싶은 거 있나요?"
"저는 책 안 읽습니다."
"네? 아니 왜요?"
"고등학교 때 국어 시간에 너무 짜증이 났거든요. 밑줄 긋고 외우고, 말도 안 되는 해석이나 하고, 책 읽는 것이 재미없습니다. 읽는 것 자체를 싫어합니다."

이 대화는 저의 실제 경험입니다. 과학 선생님인 그분은 책 읽기와 담을 쌓은 이유를 국어 수업 때문이라 하시네요. '평생 독자'를 만들어주어야 할 국어 수업이 '평생 책 단절자'를 만들어 놓았네요. 우리 국어 수업의 잘못된 점을 단적으로 보여줍니다.

수능 국어 문제가 문제입니다

현재 고등학교 국어 수업을 가만히 들여다보면 그런 현상이 여전히 남아 있습니다. 읽기의 즐거움보다는 읽기의 짜증을 경험하게 합니다. 특히 수능 비문학 영역이 문제입니다. 참고로 저는 한때 수능 비문학 영역이 학생들의 독해력을 높이는 매우 좋은 장치라고 여긴 사람입니다. 다양한 영역의 지문을 읽을 수 있고, 내용을 파악하고 구조를 이해하는 제법 좋은 문제들이 많았습니다.

수능 비문학은 화법, 작문, 문법, 문학, 독서 중 독서 영역을 가리키는 말입니다. 우리가 읽는 대다수의 전공 서적, 신문, 잡지의 글은 모두 비문학 영역에 속합니다. 비문학 읽기 능력은 우리가 평생 책을 읽을 수 있는 기본 체력 즉 독해력을 키우도록 하는 것입니다. 학생들은 비문학을 통해 따끈따끈한 새 정보를 얻고, 글의 내용과 중심 생각을 파악하는 힘을 익히게 됩니다.

그런데 요즘 수능의 비문학에 대한 불만 지수가 높습니다. 무엇이 불만일까요? 수능 비문학 영역이 문제인 이유는 첫째, 너무 전문적인 영역의 내용이 나오기 때문입니다. 예를 들어 양자 역학을 설명하는 지문이나 전문 경제 용어로 가득한 경제학 지문이 있습니다. 내용 자체가 너무 어려워 물리 선생도 이해가 안 됩니다. 경제 선생도 난감해합니다.

"그런 전문적인 것도 읽어야 하는 거 아니야?"

물론 그것도 읽을 줄 알아야 합니다. 하지만 고등학교 국어 독해력을 테스트하기 위해 그런 글을 읽을 필요는 없습니다. 비문학의 독해력은 물리 지식 유무를 묻는 것이 아니라 글 읽기 능력을 묻는 것입니다. 물리 지식을 몰라서 못 푸는 문제라면 그것은 국어 문제가 아니라 물리 문제가 됩니다.

어려운 지식은 분명 있습니다. 하지만 글은 어려운 것을 이해할 수 있도록 써야 합니다. 세계적 석학들이 쓴 글을 읽어보세요. 그들은 아는 것이 많다고 해서 글을 어렵게 쓰지 않습니다. 오히려 누구보다 더 쉽고 재미있게, 사례를 풍부하게 제시하여 쏙쏙 이해가 되게끔 씁니다. 전문학자들만 이해할 수 있는 글이라면 그 학문을 공부할 때 읽으면 됩니다. 고3 비문학 지문으로 읽힐 필요가 없다는 말이지요. 제가 그동안 쌓인 것이 많아 말이 거칠어지는군요. 용서하셔요.

수능의 비문학 문제가 문제인 둘째 이유는 아주 나쁜 글을 내놓기 때문입니다. 비문학 지문은 원저자의 글을 많이 변형합니다. 글쓴이는 최대한 논리적으로 쉽게 써 놓았는데 문제용(?)으로 바뀌면서 글에 성형이 들어갑니다. 원 글에 있던 사례 부분을 생략한다거나 주어를 대명사로 바꾸어 놓고 맥락에 맞지 않는 비약을 넣습니다. 이제 글은 여기저기 흠집을 낸 성형 괴물이 되어 버립니다. 당연히 학생들은 읽기조차 힘듭니다. 아주 고의성을 가지고 글을 농축해 놓았기 때문에 일차적인 읽기 자체가 안 됩니다.

왜 이런 짓을 할까요? 왜?

성적 차이를 내야 하니까. 한 줄로 세워야 하니까 그럽니다. 그러다 보니 최상위권이야 그럭저럭 읽어내고 있지만 중위권 이하 학생들의 읽기에 대한 열정이나 관심도가 확연히 떨어지게 됩니다.

독서 교육의 목표는 읽기의 기본적인 역량을 갖추고 읽기의 즐거움을 맛보게 하는 것입니다. 그러나 요즘처럼 비문학 지문이 지저분하게 뒤틀리면 읽기의 즐거움은커녕 자신감만 빼앗게 됩니다. 읽어도 모르니 당연히 읽기를 싫어하고, 스스로를 난독증 환자로 부르는 아이들이 늘어납니다. 읽기를 싫어하는 학생을 양산하고 있습니다. 이게 현재 수능 국어의 가장 큰 문제입니다.

앞에서 거론한 것처럼 수능의 국어 문제는 모두 독해 문제입니다. 화법과 작문, 문법과 문학도 사실 독해입니다. 그런데 이제는 논리적으로 따져 푸는 것을 넘어서 타고난 언어 역량과 문제 푸는 요령으로 해결해야

하는 기이한 문제가 되고 말았습니다. 그래서 학생도 힘들고, 교사도 힘듭니다. 저는 짜증이 납니다. 쩝

수능은 학생들에게 중요한 시험입니다. 하지만 수능 성적이 그 학생의 국어 사용 능력을 그대로 증명하는 것은 아닙니다. 수능 문제의 한계점들이 부각되면서 많은 선생님들이 수능 너머의 국어 교육을 고민하기 시작했습니다. 스스로에게 묻기 시작한 거죠.

우리는 제대로 국어를 사용하고 있는 걸까?

교육이 "내가 참 괜찮은 사람임을 알게 하는 것"이라면 국어 수업 또한 아이들이 그런 경험을 할 수 있도록 해야겠지요. 아이들이 수업을 통해 성장한다는 것을 느끼고, 그 성장이 자신의 삶에 소중한 경험임을 느낄 수 있게 해야 합니다. 그러려면 국어가 무엇을 가르치는 것인지 먼저 알아야 합니다.

"국어 왜 배워요? 이미 한국말 잘하고 있는데."

"책 왜 읽어요? 작가될 것도 아닌데. 어른들은 책 한 권 안 읽고도 잘 사는데."

억울한가 봅니다. 현재 학생들은 시험을 위해 국어를 배웁니다. 대입을 위해 국어를 배우고, 취업을 위해 국어를 배운다고 생각합니다. 국어를 배워 무언가 '득'을 본 기억이 별로 없어서 그렇게 생각합니다.

"나는 너희들의 표현력과 독해력을 키워줄 거야."

"우리 책 안 읽어도 되는데요."

"맞아, 소설책 안 읽어도 돼. 그거 평생 한 권도 안 읽어도 잘 살아.

근데 한 쪽짜리 계약서는 잘 읽어야 해. 그거 잘못 읽으면 너희 재산이 다 날아갈 수 있어. 한 장짜리 공문서는 제대로 읽어야 해. 괜히 나중에 손해니 억울하니 하는 소리 안 하고 싶으면."

바른말을 사용하기 위해서라든지 똑똑한 사람이 되기 위해서라든지 인성을 갖추기 위해서 국어 공부를 하는 것이 아니라 재산을 잃지 않기 위해서, 낭패를 보지 않기 위해서 국어를 배운다고 하니 아이들이 낯선 듯 바라봅니다.

"자, 제대로 읽지 못할 때 일어날 수 있는 손해를 생각해 보자."

- 바보 소리를 듣는다.
- 상대가 하는 말의 핵심을 못 찾는다.
- 연애마다 차인다.
- 새로운 지식을 얻기 어렵다.
- 더 큰 생각을 할 수 없다.
- 월급을 떼일 수 있다.
- 겉으로 드러나는 것과 다른 속뜻을 못 알아차린다.
- 문제 해결에 시간이 오래 걸린다.
- 인생이 괴롭다.

"잘 읽는다는 것이 중요하다는 느낌이 오나요?"
"네~엡."
"사기꾼들은 말로 상대를 속이지. 모든 거짓말은 논리적으로 결함이 있을 수밖에 없어. 그런데도 사람들이 사기꾼의 말을 그대로 믿고 재산을 탕진한단 말이야. 왜? 국어를 제대로 안 배워서 그래. 표면적인 말만으로도 속내를 알아차리고, 드러난 단서로 드러나지 않은 의도를 파악하는 힘, 이거 다 국어 시간에 하는 거잖아. 너희가 나하고 국어 수업하면 앞으로 사기 같은 거 안 당할 거야."

제가 사기꾼 같은 이 느낌은 무엇?? 교사는 자신이 학생에게 꼭 필요한 것을 가르친다는 자신감을 가지고 있어야 합니다. 그래야 학생들이 반쯤 믿고 따라와 줍니다. 그리고 국어를 잘하면 사기 안 당하는 거 맞지 않습니까?(사실 사기를 당하는 것은 국어를 못 해서가 아니라 욕심에 사리분별력을 잃어서죠.)

국어 수업을 해야 하는 이유를 삶의 문제로 연결해 줄 때 아이들은 그나마 기대를 합니다.

"근데요. 샘, 우리는 이미 한국말 잘하고 있는데요."
"아주 좋은 질문이야. 근데 얘들아, 이미 한국어 잘하고 있다고 하는데 정말 그렇니?"
"음…"
아이들이 망설입니다. 잘 표현한다는 것이 무엇인지 스스로에게 질문을 던지고 있기 때문입니다.
"한국말 잘하지. 근데 제대로 된 표현을 하고 있을까?"
"제대로 된 표현이 어떤 건가요?"
"그것을 배우는 것이 국어야. 그냥 표현하는 것이 아니라 제대로 표현하는 방법을 배우는 거지."

표현하는 힘을 키운다고요?

정확하고 효과적으로 국어 사용하기

국어 교육은 무엇을 가르치는 것일까요?
국어 수업을 통해 우리는 어떤 역량을 키울 수 있는 걸까요?

2015 개정 교육과정의 국어를 찾아봅니다. 이렇습니다.

<국어의 성격>
　초 · 중 · 고 공통 과목인 '국어'는 **국어를 정확하고 효과적으로 사용하는 데 필요한 능력과 태도를 기르고, 비판적이고 창의적인 국어사용을 바탕으로 하여** 국어 발전과 국어문화 창달에 이바지하려는 뜻을 세우며, 가치 있는 국어 활동을 통해 바람직한 인성과 공동체 의식을 함양하는 과목이다. 학습자는 '국어'의 학습을 통해 '국어'가 추구하는 역량인 비판적·창의적 사고 역량, 자료·정보 활용 역량, 의사소통 역량, 공동체·대인 관계 역

량, 문화 향유 역량, 자기 성찰·계발 역량을 기를 수 있다.[1]

<국어의 목표>

국어로 이루어지는 이해·표현 활동 및 문법과 문학의 본질을 이해하고, 의사소통이 이루어지는 맥락의 다양한 요소를 고려하여 품위 있고 개성 있는 국어를 사용하며, 국어문화를 향유하면서 국어의 발전과 국어문화 창조에 이바지하는 능력과 태도를 기른다.

　가. 다양한 유형의 담화, 글, 작품을 정확하고 비판적으로 이해하고 효과적이고 창의적으로 표현하며 소통하는 데 필요한 기능을 익힌다.
　나. 듣기·말하기·읽기·쓰기 활동 및 문법 탐구와 문학 향유에 도움이 되는 기본 지식을 갖춘다.
　다. 국어의 가치와 국어 능력의 중요성을 인식하고 주체적으로 국어생활을 하는 태도를 기른다.

저만 그런가요? 무슨 말인지 다 알 거 같은데 딱 손에 안 잡히는 것이 없으니. 저는 예전부터 교육학에 젬병입니다. 그래서 저는 제가 할 줄 아는 언어로 국어 교육의 성격을 정리해 보았습니다.

국어 교육은 국어를 잘 사용하도록 가르치는 것이다.
국어를 잘 사용하는 것은 제대로 이해하고 제대로 표현하는 것이다.
국어를 배우는 이유는 이해력과 표현력을 키우기 위해서이다.

이해력과 표현력, 이게 다입니다. 문법, 문학은 어디 갔냐고요? 문법

---

1) 2015 개정교육과정 별책5_국어과 교육과정(제2015-74호), p3. 진한 글씨는 필자가 강조 표시한 부분임.

도 결국 국어를 잘 사용하기 위해 배우는 거 아닌가요? 문학도 잘 이해하고 잘 표현하기 위한 하나의 매체 아닌가요? 이렇게 정리하면 갈 길이 좀 쉽게 느껴집니다. 잘 알아듣고 제대로 표현하는 힘을 키워주는 수업이 바로 국어 수업입니다.

교육과정을 다시 살펴봅니다. 국어를 잘 배우면 어떤 힘이 자랄까요?

    비판적·창의적 사고 역량
    자료·정보 활용 역량
    의사소통 역량
    공동체·대인 관계 역량
    문화 향유 역량
    자기 성찰·계발 역량

이런 역량(힘)이 생깁니다. 2015 개정 교육과정의 국어과 역량을 처음 보았을 때 저는 궁금했습니다.
'여섯 개의 역량 중 왜 비판적·창의적 사고 역량이 제일 선두에 나와 있을까?'
제가 만난 사람이 별로 없어서인지 아무에게서도 대답을 듣지 못했습니다. 그래서 저 혼자서 정리를 했습니다.

정보의 홍수 시대라 할 수 있는 4차 혁명 시대에는 일일이 그 많은 정보를 이해하고 분석할 수 없다. 선별적인 정보의 습득과 분석 활용이 필요하다. 그렇다면 그 선별과 활용의 기준이 무엇일까? 개인적인 필요성이다. 과연 이 정보가 나에게 필요한가? 왜 필요한가? 이것이 최선인가?

다른 대안이 없을까? 이런 질문을 던질 때 우리는 자료와 정보를 제대로 활용할 수 있다. 그러니 비판적·창의적 사고 역량이 제일 중요하다. 이것이 이유다.

타당해 보이나요? 어떤가요?
여섯 가지의 국어 역량을 정리해 보면 비판적·창의적 사고 역량이 제일 앞에 있습니다. 우리는 비판적·창의적 사고 역량을 토대로 자료나 정보를 활용하여 새로운 것을 알게 되고 이를 말하거나 씀으로써 타인들과 의사소통하게 됩니다. 제대로 된 의사소통 역량은 살아가는 데 큰 힘이 되고 사회적으로도 소중한 자산이 됩니다. 제가 해석한 역량의 위계입니다.

이제 네가 기준이야, 표현

일반직으로 국어사용능력은 이해력과 표현력으로 이해합니다. 우리는 지금까지 '이해와 표현'으로 써 왔습니다. 왜 이해가 먼저인가요? 사람은 백지 상태로 태어나 다양한 자극을 통해 세상을 이해하게 됩니다. 언어를 습득하고 경험을 통해 알게 되고 그 앎을 토대로 사회적 존재로 살아갑니다. 많이 알아야 잘 표현할 수 있습니다. 그래서 많이 듣고, 많이 읽고, 많이 생각해야 글을 잘 쓸 수 있다는 다문다독다상량(多聞多讀多商量)을 자연스럽게 받아들였습니다.

그러나 이제는 그 순서를 바꾸어야 할 때입니다. 바로 '표현과 이해'로 말이지요. '표현'이 먼저입니다. 여기서 표현은 단지 '드러낸다'는 의미에 그치지 않고 '주체의 의지와 선택'을 포함하는 단어로 이해해야 합니다.

"왜 그것을 읽니?"
"내가 말하기 위해 필요하니까."
"왜 국어를 배우니?"
"제대로 표현하기 위해서"
"왜 표현이 그렇게 중요해?"
"내가 살아있음을 보여주는 것이니까."

"왜?"
라고 물어보면 답을 찾기가 쉽습니다. 사람들이 책을 읽고 시를 감상하고 영상 매체를 찾는 근본적인 이유를 '왜?'로 물어보면 답이 나옵니다. 우리는 표현하기 위해 듣습니다. 표현하기 위해 읽습니다. 표현하기 위해 문법을 배웁니다. 표현하기 위해 문학 작품을 찾습니다. 우리는 모두 제대로, 정확하게 표현하기 위해 국어를 배웁니다.

듣고 말하고 읽고 쓰기. 이해하고 표현하기. 이것이 우리의 국어 활동입니다. 국어는 이 활동 역량을 키워주는 교과입니다. 그런데 이 역량들은 평행선에 있는 대등한 역량이 아니라 앞뒤의 순서가 있습니다. 저는 국어 역량을 키워주는 시작점과 도달점을 이제 '표현'이 맡아야 한다고 생각합니다. '표현'은 국어 활동을 하는 최초의 동력이자 과정의 에너지이고 그 모든 활동의 결과물이 됩니다.

그럼 왜 갑자기(?) 표현이 이리 중요해졌을까요?
세상이 바뀌었기 때문입니다. 듣고 읽을거리가 쓰나미처럼 몰려오는 세상이 되었습니다. 이 많은 것 중 무엇부터 듣고 읽어야 할까요? 처음부터 하나하나가 통하지 않습니다. 그러기에는 '갓 구워 따끈따끈한 정보'가 너무 많습니다. 무엇부터 찾아야 할까요? 자신이 필요한 것을 찾아야 합니다. 내가 관심 있는 것, 궁금한 것, 잘하고 싶은 것, 필요한 것이 우선입니다.

이것을 국어 수업에 적용해보면 이렇습니다.

"우선 읽고 나서 그 다음에 쓸지 말지 생각해 보자."에서
"표현하는 것을 전제로 읽을지 말지 생각해 보자."로 바뀝니다.

'이해와 표현'에서 '표현과 이해'로

표현을 우선 전제로 하면 이후의 모든 활동이 재구성됩니다. 그냥 읽는 수업이 없어집니다. 시를 배우거나 소설을 배울 때도 표현을 염두에 두고 설계하면 활동의 포인트가 달라집니다. 문법이나 비문학 독서도 표현을 목표로 하면 지도의 방점이 달라집니다.

그래서 '이해와 표현'이라는 말을 '표현과 이해'로 바꾸려 합니다. '표현과 이해'로 앞뒤 순서를 바꾸면 다른 많은 것들이 위상이 함께 바뀝니다. 텍스트(Text : 책)와 콘텍스트(Context : 세계, 맥락)의 위상이 바뀝니다. 저자와 독자의 위상도 바뀝니다. 교사와 학생의 관계도 바뀝니다. 그리하여 공부의 주체가 바뀝니다. 공부의 내용이 바뀝니다.

이해와 표현 시대		표현과 이해 시대
이해 중심		표현 중심
텍스트 중심	⇒	콘텍스트 중심
저자 중심		독자 중심
교사 중심		학생 중심

제대로 표현하는 주체가 뭐예요?

표현해야 삽니다

사람은 표현해야 삽니다. 갓난아이는 울어서 삽니다. 울어야 젖도 주고 기저귀도 갈아주고 안아줍니다. 기분이 좋으면 웃고 옹알이합니다. 사랑받기 위해서지요. 좀 더 크면 말로 표현합니다. 말이 서툴 때는 여전히 울거나 때리거나 발버둥 치면서 자신의 욕망을 표현합니다. 그래야 사니까요.

표현하지 않으면 어떻게 될까요? 쌓입니다. 마치 음식을 먹고 배출하지 않으면 몸에 쌓이는 것과 같은 이치입니다. 몸안에 찌꺼기가 쌓이면 방귀가 나오고 독소가 생겨 피부에 올라오고 병이 납니다. 병은 사람을 아프게 하고 우울하게 하고 나약히게 하고 끝내 죽게 합니다. 그 지경에 이르지 않도록 매일 배출을 해야 합니다.

사람의 생각이나 감정도 마찬가지입니다. 생각이나 감정도 표현되지 않고 쌓이면 독소가 됩니다. 우울해지고, 화가 나고, 불만이 쌓입니다. 쌓이고 쌓이다 살기 위해 아주 거친 형태로 배출됩니다. 그 지경에 이르지 않도록 수시로 표현을 해야 합니다.

　가능하면 표출하지 말고 표현하는 것이 좋습니다. 여기서 표현이 제대로 된 언어로 드러내는 것이라면 표출은 욕설이나 물리적 폭력으로 드러내는 것입니다. 갈등 상황에 처한 사람들을 보면 처음에는 대부분 말로 합니다. 하지만 그 말이 받아들여지지 않거나 말로 표현하기 힘들면 욕을 합니다. 욕으로도 안 되면 주먹으로 칩니다. 집어던집니다. 그런 면에서 표출은 표현의 거친 방식이라 할 수 있습니다.

표현	표출
말과 글	욕설, 비속어, 다양한 종류의 폭력

　그래도 그나마 욕이나 거친 몸짓으로 표출하는 사람은 다행입니다. 개인적 성향이나 외부적 압박 때문에 자신의 생각이나 감정을 전혀 드러내지 못하는 사람이 더 위험합니다. 쌓인 독소와 칼날이 외부가 아닌 내부를 향하기 때문입니다. 대부분의 자살은 표출의 극단적 형태라 할 수 있습니다. 그래서 항상 표현하도록 가르쳐야 합니다. 표현해야 삽니다.

제대로 표현하기

"네가 그럴 줄 몰랐구나."
"선생님, 그게 아니고요. 제 말도 좀 들어봐 주세요."
"더 이상 듣고 싶지 않다."

"아이씨, 그게 아니라니까요."
"너 지금 선생한테 욕하는 거냐?"

이 상황에서 누구의 표현이 문제일까요? 네, 둘 다 좋지 못한 표현입니다. 꼭 욕설만 폭력적인 것은 아니니까요. 선생님은 비록 욕설을 쓰고 있지는 않지만 경청하지 않고 상대의 표현을 무시했다는 점에서 폭력적이라 할 수 있습니다. 비록 문법에 맞고 바른 말이라 해도 소통하지 않는 표현은 폭력적이라 할 수 있습니다.

"선생님께서 제 말을 전혀 안 들어주시니 저는 정말로 화가 납니다."
"나도 네가 그런 행동을 했다는 것이 너무 화가 나서 그런다."
"선생님께서 모르시는 것이 있어요."
"그래? 그럼 한 번 들어보자. 내가 무얼 모르는 거냐?"

이런 꿈같은 대화. 쉽지 않겠지요? 하지만 우리는 그런 대화를 가르치고 실천해야 합니다. 언제 가르칠까요? 국어 시간에 가르쳐야 합니다. 물론 모든 수업이 다 그런 표현을 가르치고 실천하는 시간입니다. 하지만 표현하는 방법과 표현의 중요성, 표현의 힘을 가르치는 것은 국어 교과의 고유한 몫입니다.

언어를 습득하는 기능은 태어날 때부터 우리 뇌에 탑재되어 있다고 합니다. 하지만 언어를 제대로 사용하는 기능은 기본 사양이 아닙니다. 태어나 꾸준히 배워 익혀야 하는 선택 사양이라고 합니다. 그렇다면 제대로 표현한다는 건 무얼 의미하는 것일까요?

- 비속어나 욕설을 쓰지 않는 것
- 말하고자 하는 바가 잘 드러나는 것
- 상대의 질문에 합당한 대답을 하는 것
- 상대를 배려하며 말하는 것
- 생각을 논리적으로 잘 드러내는 것
- 감정을 숨기지 않고 드러내는 것
- 아는 것을 정확히 전달하는 것
- 청자의 기분을 좋게 해 주는 것
- 자신의 성장뿐만 아니라 상대의 성장을 도와주는 것
- 사회적으로 유익한 것을 창조해내는 것

학생들에게 물어보면 정말 다양하게 나옵니다. 제대로 표현하기가 쉽지 않다는 것을 알 수 있습니다.

내가 가르쳐줄게

표현 능력은 생존 능력입니다. 말 한마디에 천 냥 빚을 갚을 수도 있고, 토끼처럼 목숨을 구할 수도 있습니다. 평생 죄의식 속에 갇혀 사는 것을 막을 수도 있고, 분노로 자신을 죽이며 사는 것도 막을 수 있습니다.

표현 능력은 주체적인 삶의 능력입니다. 패션의 주체성은 무엇일까요? 사람들은 처음에는 브랜드나 유행을 따라 옷을 입습니다. 하지만 진짜 패셔니스타는 남들을 모방하지 않고 자신에게 가장 잘 어울리는 스타일을 찾아냅니다. 이와 마찬가지로 우리는 표현의 주체성을 지향합니다.

이게 무슨 말일까요?

　제대로 된 표현의 핵심은 '자신만의 언어를 사용하는 것'이라 할 수 있습니다. 우리가 배우는 언어는 사회의 언어입니다. 성숙한 사람은 무리 지어 다니는 사회의 언어를 그대로 따라 하지 않습니다. 언어를 주체적으로 사용한다는 것은 사회의 언어를 의심하고 성찰하면서 자신의 삶과 인식을 담은 개인의 언어를 사용한다는 것을 의미합니다.

　언어는 그 사람입니다. 자신의 언어로 표현할 줄 아는 사람은 언어의 주인이 되고 표현의 주체가 됩니다. 우리는 표현의 방법을 넘어 표현의 주체를 만드는 국어 수업을 궁극으로 지향합니다.

　그래서 국어 선생님은 수시로 이렇게 말해야 합니다.
"말해 봐."
"말로 표현해 봐."
"참지 말고 말해야 돼."
"내가 제대로 표현하는 법을 가르쳐줄게."

4장
제대로 표현하는 힘

대화와 발표로 수업해 볼까요?

수업은 대화와 발표다

"표현력을 키우려면 어떻게 해야 할까?"
"자꾸 표현해 봐야죠."
"그렇지, 그럼 선생님이 어떻게 할 거 같니?"
"발표 많이 시킬 거 같아요."
"하하 맞아. 그리고."
"많이 이야기하라 할 거 같아요."
"너무 잘 아네. 우리는 수업 시간 내내 말하고 듣기를 할 거야. 그냥 선생님 입만 쳐다보고 있으면 안 돼. 너희들이 이야기해야 해."

학생들이 힘들어 할까요? 아뇨. 학생들은 이런 수업의 변화를 중학교 때부터 받아들이며 올라왔습니다. 짝대화, 모둠 토의, 전체 발표 이런 말이 부담스럽지 않고 손해라는 생각도 안 합니다. '수업? 당연히 그렇게 하는 거 아냐?' 힘든 사람은 고등학교에서 강의식 수업만 했던 선생님입니다. 학생들은 이미 준비되어 있습니다.

수업은 대화입니다. 교사와 학생의 대화, 학생과 학생의 대화, 학생과 텍스트의 대화, 학생 자신과의 대화가 함께 어울리는 시공간이지요. 국어 수업은 매시간 표현력을 키울 수 있습니다. 의사소통으로서의 표현력은 대화와 발표로 키워줄 수 있습니다.

학생들의 표현력을 키워주려면 대화와 발표의 시간을 많이 마련해 주면 됩니다. 대화와 발표는 짝, 모둠, 전체 등으로 규모를 달리할 수 있습니다. 저는 어떤 문제를 해결할 때 단계를 줍니다. 처음에는 혼자 하도록 합니다. 각자 해결한 것을 가지고 짝끼리 혹은 모둠끼리 이야기 나눕니다. 짝과 모둠은 둘 다 해도 되고, 둘 중 한 단계만 거쳐도 됩니다. 이 과정을 통해 웬만한 내용은 학생들끼리 거의 공유하게 됩니다. 짝 혹은 모둠별로 대화가 끝나면 전체 대화 혹은 발표를 합니다. 모둠 안에서 거론된 기발한 내용을 공유하기도 하고, 혹 오답이 나온 것을 수정할 수 있으니까요.

<대화와 발표의 단계>

[짝 대화, 모둠 대화 둘 중 하나만 해도 됨]

나 혼자 푸는 것은 난이도가 쉽습니다. 사실적 질문을 주로 넣습니다. 혹은 나 혼자 질문을 만들게 하지요. 누구라도 쉽게 접근할 수 있도록 정답 없는 문제도 자주 넣습니다.

『이생규장전』의 대화

조선 시대 판타지 소설인 김시습의 『이생규장전』으로 수업을 합니다. 어떤 질문을 던졌을까요?

1. [개인활동] 운명 같은 이성에게 한눈에 반했다. 그런데 부모가 극구 반대한다. 이런 상황이라면

   나는　　(　　　　　　　　　　　　　　　　　)
   왜냐하면 (　　　　　　　　　　　　　　　　)

김시습의 『이생규장전』을 시작할 때 던진 질문입니다. 연애 소설이니 자신의 입장을 먼저 생각해 보는 거지요. 어떤 것이든 다 답이 되니 편합니다. 자신의 문제로 먼저 고민해 보고 옛 사람들은 어떻게 사랑의 위기를 해결했는지 본문으로 들어갑니다. 모든 학습은 호기심이나 관심에 기반을 둡니다. 특히 문학의 경우 감정이입이 잘 일어나고 그로 인해 자신의 삶을 꾸준히 성찰할 수 있기 때문에 텍스트를 텍스트로 끝내지 않고 삶과 연결하는 고리를 수시로 만들어주는 것이 필요합니다. 동기유발을 위한 질문은 주로 "너라면?"과 같은 성찰적 질문이나 "무엇이지?"와 같은 사실적 질문이 좋습니다.

2. [개인활동] 『이생규장전』 꼼꼼하게 읽고 답하기
   ① 이 서생과 최 여인이 만난 지역은?
   ② 아들의 사랑을 반대한 이 서생의 아버지가 취한 행동은?
   ③ 두 사람이 피난 가게 된 전쟁은?
   ④ 최 여인이 전쟁에서 죽은 이유는?

위의 질문은 책만 읽으면 바로 답이 나오는 간단한 질문입니다. 모든 활동을 모둠으로 하면 추수 끝난 들에서 이삭 줍는 아이들이 있게 마련입니다. 그런데 그 학생들도 직접 기회를 주면 할 수 있습니다.

"누구나 할 수 있어, 모르는 것은 안 배워서 그래. 틀려도 좋으니 적어 봐."

개인 활동이 우선되어야만 모둠 활동에서 겉도는 학생이 줄어듭니다. 내가 가진 패가 뭐라도 있어야 모임이 즐겁겠죠?

3. [모둠활동]

① 『이생규장전』 제목의 뜻은?

② 최 여인이 말한 '세 번의 가약'과 두 사람에게 다가온 3가지 세계의 횡포를 아래 칸에 적어보자.

인물	만남1	헤어짐	만남2	헤어짐	만남3	헤어짐
이서생						
최여인						

③ 상황에 대처하는 태도를 통해 등장인물의 성격과 특징을 정리하고 자신의 평가를 적어 보자.

인물	행동(근거)	성격 및 특징	인물에 대한 나의 평가
이서생			
최여인			

④ 이 소설에서 인상 깊은 부분이나 자신에게 영향을 준 부분은? 그 이유는?

부분 :

이유 :

④번은 자신의 생각을 적는 것이라 큰 부담이 없습니다. 다만 다른 친구들의 느낌과 비교해 볼 수 있어 즐겁습니다. 여기까지의 대답은 거의 비슷합니다. 옛날 여성이 사랑에 이렇게 주체적이고 적극적인 점이 놀랍다고 하네요. 가부장적인 사회에서 여자들이 희생하고 인내하면서 소극적으로 살았다는 기존 선입견이 깨졌다고 합니다.(고전 소설의 주인공들을 보면 대부분 세계의 횡포에 저항하는 적극적인 인물들입니다. 그러니 주인공이겠지요.) 새로운 인식과 자각의 희열, 이게 수업의 맛입니다.

모둠 활동은 주로 복잡한 추론이 필요한 문제가 제시될 때 잘 이루어집니다. 한방에 답을 찾기 어려운 질문이거나 상징적 의미를 파악하는 문제 등은 다양하게 의견을 주고받습니다. 대화하면서 내용 이해가 좀 더 확실히 이루어지고 혼자 읽기에서 놓친 주요 정보들을 건집니다. 해야 할 과제가 있기 때문에 딴짓하는 학생은 별로 없습니다.

모둠 협력 학습을 성공적으로 이끌기 위해서는 질문의 난이도 조절이 제일 중요합니다. 학생들은 혼자서도 충분히 할 수 있는 문제를 위해 굳이 모이려 하지 않습니다. 학생들이 협력하지 않는 이유는 문제의 난이도가 너무 낮거나 문제를 해결하지 않아도 별다른 감점이 없을 때입니다. 제가 보기에 학생들은 수업에 늘 동참하고 싶어합니다. 그래서 수업이 원만하게 진행되지 않을 때는 학생을 보지 마시고 교사 자신을 보아야 합니다.

4. [심화 주제]
죽은 최 여인이 환생해서 돌아왔다는 설정에 대해 어떻게 생각하는가? 작가는 왜 이런 설정을 하였을까? 작가의 생애나 시대 상황과 연계하여 설명해 보자.

수업 설계 당시에는 드라마 『도깨비』와 연계하여 판타지 소설의 의미를 묻고 싶었습니다. 고전 소설의 전기성(傳奇性, 비현실적 요소)을 학생들이 수준 낮은 인식으로 보는 것에 대한 반발심 같은 것이 발동하였거든요. 전기성 즉 판타지적 요소가 고전 소설뿐만 아니라 현대 소설과 드라마에 여전히 살아있는 서술 방법임을 보여주고 싶었습니다. 나아가 판타지성이 기법이 아니라 세상을 인식하는 관점이라는 점, 우리의 삶도 판타지라는 점을 같이 거론하고 싶었습니다. 그런데 너무 주제가 넓어져 포기했습니다. 기회가 되면 '판타지'라는 키워드로 소설 수업을 해 보고 싶습니다. 여러분이 먼저 한 번 해 보셔도 됩니다.

대화하고 발표합니다. 모두 표현 활동입니다. 학생들은 누구나 표현하는 활동을 좋아합니다. 자신의 존재감을 확인할 수 있으니까요. 대화하고 발표하는 생기발랄한 수업, 그 에너지는 누가 만들까요? 바로 질문이 만듭니다.

질문과 설명으로 수업해 볼까요?

너희가 직접 질문을 만들어

수업이 의미 있고 재미있으려면 질문이 제일 중요합니다. 처음에 몇 번 교사가 예를 보여주고 점차 학생들이 질문하도록 하면 질문 내용이 깊어집니다.

"학생들 질문이 너무 유치해요."

학생 탓은 이제 교사의 몫으로 돌아와야 합니다. 학생이 못하는 것은 안 가르쳐서입니다. 못하면 가르치면 됩니다. 하나하나 가르치고 꾸준히 연습하도록 하면 잘할 수밖에 없습니다. 질문하는 능력도 마찬가지지요. 학생들에게 꾸준히 질문의 기회를 주는 수밖에 없습니다.

<질문 단계>

[둘 중 하나만 해도 됨]

질문을 만들게 합니다. 모르는 것을 질문해도 되고, 알지만 다른 친구를 위해 질문해도 됩니다. 질문 만들기 수업은 개인 질문 만들기 - 모둠 질문 정하기 - 전체 질문 정하기 - 모둠 대화 - 전체 발표의 순서로 하면 됩니다. 모둠 질문 정하기와 전체 질문 정하기는 둘 중 하나만 해도 됩니다.

『태평천하』에 던지는 질문

1. [개인활동] 『태평천하』(채만식)를 읽고 질문을 해 보자.

내가 만든 질문	내가 찾은 답

개인 질문 만들기는 학생들에게 부담감을 주지 않으면서도 자연스럽게 자신이 궁금한 것을 표현할 수 있게 합니다. 이때도 꼭 이야기해 줍니다. '세상에 나쁜 질문은 없다. 유치한 질문도 없다. 모르면서도 질문하지 않는 것이 유치하고 나쁜 것이다.' 이렇게요. '내가 찾은 답'은 수업을 다 한 후 직접 적도록 합니다. 그러면 스스로 미션 완료가 됩니다.

2. [모둠활동] 선정한 질문에 대해 모둠별로 논의하여 답을 적어 보자.

   1)
   2)
   3)

모둠 질문은 개인 질문을 모아 선정해도 되고, 개인 질문을 칠판에 적어 함께 논의할 질문을 몇 개 선정해도 됩니다. 혹은 모둠별로 질문을 10개 만들어 다른 모둠과 바꾸어 서로 문제를 풀게 해도 좋습니다. 제가 해 보니 모둠별로 질문이 다르면 이후 정리가 복잡해지는 어려움이 있습니다. 개인 질문 만들기 ⇒ 전체 질문 선정하기 ⇒ 모둠별로 논의하기 ⇒ 함께 발표하기가 시간과 정리면에서 나은 것 같습니다. 간혹 꼭 거론되어야 할 질문이 나오지 않은 경우에는 교사가 추가로 질문을 넣어 함께 논의하도록 하면 됩니다. 교사도 질문을 만드니까요.

어떤 방식이든 학생들은 문제를 만들기 위해 읽고, 답을 찾기 위해 읽고 논의합니다. 그러면서 교사가 일방적으로 가르친 것보다 더 많이 알아 갑니다.

3. [서술형] '이기적인 삶의 태도는 결국 자신을 불행하게 한다'는 주장에 대해 다음 조건에 맞게 서술하시오.

『태평천하』를 읽고 삶의 가치 성찰하기

<조건>
1. 주장이 드러날 것.
2. 주장의 이유가 드러날 것. 그를 뒷받침하는 사례로 『태평천하』의 '윤 직원 영감'의 사례를 꼭 넣을 것.
3. 주장에 대한 예상 반박을 적을 것.
4. 예상 반박에 대해 다시 재반박할 것. 재반박에 들어갈 사례는 『태평천하』 외에서 제시할 것.(다른 소설이나 현실의 사건을 예를 들 수 있음.)
5. 열 줄 이상 쓰되 문맥을 자연스럽게 연결할 것.

평가기준	평가배점			
주장이 있는가?	2	1	0	
주장의 근거가 타당한가?	4	2	0	
사례로 윤 직원이 거론되었는가?	2	1	0	
예상 반박이 타당한가?	4	2	0	
재반박이 타당한가?	2	2	0	
재반박에 새로운 사례가 있는가?	4	1	0	
문맥이 자연스러운가?	2	1	0	
합 계	20			

4. 마음 힘 키우기

주장문을 쓰기 위해 준비한 자신의 활동(자료 검색이나 추가적 활동)이 있으면 구체적으로 적고, 글을 쓰는 과정과 글을 다 쓴 이후의 느낌이나 깨달음을 편안하게 적어주세요.

이 질문은 심화 질문이자 성찰적 질문입니다. 소설 내용을 알아야 답할 수 있을 뿐만 아니라 인물의 행동에 대한 나름의 판단 근거도 있어야 합니다.

원래는 짧게 윤 직원의 행동을 검토하기만 할 생각이었습니다. 그런데 '윤 직원의 이기적인 행동이 왜 문제가 되느냐?'는 학생의 질문이 발단이 되었습니다. 미니 토론을 해 보니 '비록 친일이라 해도 가족을 위한 것이고 후손들이 잘살게 되니 괜찮다.'는 의견이 제법 많았습니다. 공부를 잘하는 학생들일수록 이런 경향이 강했습니다. 그래서 다시 한 번 생각해 보기 바라는 마음에 주장문 쓰기를 하게 되었습니다. 약간의 반발도 있었습니다.

"선생님, 저는 이 주장에 찬성하지 않는데요. 이 주장에 반대하는 글을 써도 되나요?"

"그렇구나. 그런데 이번에는 그냥 찬성하는 글을 쓰도록 하자."

"왜 제 생각과 반대되는 걸 써야 하죠?"

"좋은 질문이네. 네 생각이 그르다는 것이 아니라 너와 다른 입장에서는 어떻게 생각하는지 역지사지로 한 번 생각할 기회를 가지자는 거야. 너도 다양한 입장을 이해한다면 나쁘지 않을 것 같은데."

결과는 어떠했을까요? 이 학생은 아주 많이 고민하여 글을 완성했습니다. 사례도 찾고, 자신의 경험도 회고하였죠.

> 사실 나는 이기적으로 산다고 꼭 불행해지는 건 아니라고 생각했었다. 돈이 최고고, 친구 관계는 늘 좋은 것만은 아니기에 나를 우선으로 두었다. 글을 쓰면서 이기적인 삶에 대해 자세히 알아보고 이기적인 삶에 의해 불행해지는 사례를 찾기 위해 톨스토이가 쓴 '두 친구'라는 책을 통해 종교적 세계관과 도덕관을 확인해 보았다. 그를 통해 나와 다른 생각을 가진 사람들이 얼마나 많은지 알 수 있었다. 이번 활동을 통해 이기적인 삶에 대한 '나'의 성찰을 할 수 있었고 앞으로 인간관계에 대해 다시 생각해 보고 싶다. (안00 <마음 힘 키우기>)

이런 서술형 질문도 학생들이 만들 수 있을까요?

당연히 잘 만듭니다. 등장인물의 행동이나 가치관에 대한 비판적 질문, 작가의 세계관에 대한 질문, 텍스트 안의 논점을 현실의 삶과 연계하는 질문도 잘 만들어냅니다.(이게 비판적 창의적 질문이라는 거, 이제 눈치채셨죠?) 학생들이 논제를 찾아오면 교사가 다듬어 주고 평가 기준을 만들어주면 됩니다. 학생들은 정말 충분히 잘 합니다. 그리고 그 과정을 통해 교사가 생각하는 이상으로 성장합니다.

수업 대화가 잘 이루어지려면 질문이 있어야 합니다. 질문은 자꾸 할수록 잘하게 되고 더 좋은 대화를 이끌어냅니다. 그런데 늘 시간이 문제입니다. 진도가 문제랍니다. 그럴까요?

수업을 어떻게 설계하든 교사는 시간이 부족합니다. 다 가르치려고 하니 수업 시간이 늘 부족합니다. 그런데 이런 말 아시죠?

"급한 것을 먼저 하지 말고 중요한 것을 먼저 하라."

시간은 늘릴 수 있는 것이 아닙니다. 다만 선택할 수 있습니다. 교사가 시간을 내면 학생은 질문하고 대화하고 표현합니다. 수업이 충분히 즐겁습니다.

설명하기의 힘

수업 시간은 대부분 질문과 설명으로 이루어집니다. 질문이 있어 설명이 나오고 그 설명 뒤에 또 다른 질문이 나옵니다. 질문의 힘은 앞에서 거론하였으니 여기에서는 설명하기의 힘을 잠시 소개할까 합니다.

설명하기의 힘을 잘 보여주는 다큐멘터리가 있습니다. EBS의 다큐멘터리 『우리는 왜 대학에 가는가?』(2014)에서는 무작위로 두 집단을 구성하여 한 팀은 개별적으로 조용히 공부를 하고 한 팀은 서로에게 설명하면서 공부하도록 하였습니다. 결과가 어떻게 나왔을까요? 당연히 설명하기로 공부한 학생들의 성취도가 높게 나왔습니다.

왜 그럴까요? 설명을 해 보면 자신이 아는 것과 모르는 것을 구분할 수 있고, 모르는 것을 집중해서 공부할 수 있게 됩니다. 당연히 학습 효과가 높아집니다.

학습 효율성 피라미드를 자세히 볼까요? 놀랍습니다. 강의 듣기의 효율성은 단지 5%입니다. 일주일 뒤의 기억력이 아닙니다. 24시간 뒤의 기억률입니다. 학생들이 수업 시간에 실컷 듣고도 "우리 그런 거 안 배웠어요."라고 우기는 것이 다 근거가 있었네요. 선생님들은 기가 막힙니다. 내가 얼마나 강조해서 설명했는데 그걸 기억 못 하다니. 당연합니다. 선생님은 설명하기를 했으니까요. 학습 피라미드를 보면 설명하기는 90%의 기억률을 보입니다. 결국 교사가 계속 강의하는 수업을 하면 5%의 효율성으로 학생들이 공부하는 게 됩니다. 하루 종일 앉아 있었는데 거의 배운 것이 없다는 말이지요.

반대로 학생이 설명하기를 하면 어떨까요? 학생이 90%의 효율성으로 공부를 한다는 말이 되네요. 어찌 이 좋은 방법을 취하지 않겠습니까?

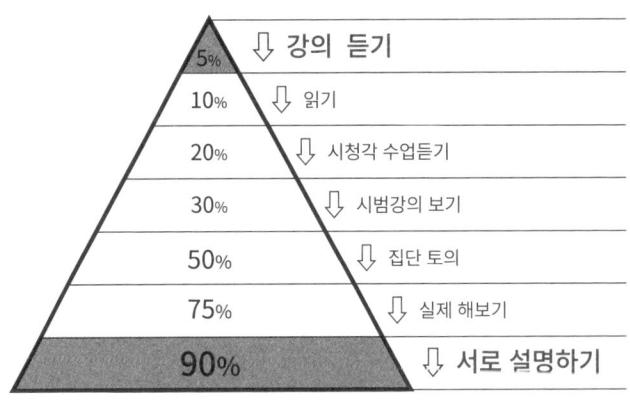

<학습 효율성 피라미드>

교사가 말을 줄이면 학생들이 질문을 한다

여전히 교사가 질문하고 학생이 답을 합니다. 질문의 테두리를 넓혀놓았다 해도 학생들은 여전히 선생님의 의도를 파악해야 하고 그것이 가리키는 방향으로 촉을 세웁니다. 학생들은 여전히 답을 찾고 있습니다. 그래서 답답했습니다.

질문하는 사람이 주인입니다. 답만 찾는 사람은 주인이 되기 어렵습니다. 어떻게 하면 학생들이 질문을 할까요? 교사가 말을 줄이면 되지 않을까요?

『서울, 1964년 겨울』은 김승옥의 대표작입니다. 처음 만난 남자 세 명이 도시화와 산업화가 시작되고 있는 서울의 풍경 속에 있습니다. 그들은 같이 술을 먹고 이야기를 하지만 서로의 이야기는 상대에게 닿지 않습니다. 같이 술을 먹고 여관에 든 다음 날 세 명 중 한 명이 죽습니다. 교과서에는 '나', '아', '사내' 이렇게 셋이서 만나 식판에 늘어가고 다음 날 '나'와 '안'이 도망치는 끝부분이 나와 있었습니다.

소설 읽기를 해야 하는 첫 시간, 탐정 놀이를 하기로 했습니다. 상황은 어색하지 않게 아주 자연스럽게, 경계가 드러나지 않게 들어가야 합니다. 그래서 다짜고짜로 물었죠.

"애들아, 뉴스 봤니?"
"무슨 뉴스요?"
"사람이 죽었대."
"어머, 어디서요? 누가요?"
"남자가 죽었대, 이렇게 사람이 죽으면 누가 젤 먼저 출동을 할까?"

"경찰요."

"맞아, 경찰들이 가서 뭐할까?"

"현장 점검요. 주변 사람들을 탐문하고 잠복근무해서 용의자를 잡지요."

"그치. 이렇게 사람이 죽으면 강력계 형사가 떠. 그리고 그 범죄 심리 분석가를 뭐라 하지?"

그러면 한두 명이 대답한다.

"프로파일러요."

"맞아. 그 사람들이 용의자 심리를 파악하고 범인을 잡고, 자백을 받아내고 하잖아. 자, 뭐해? 안 나가고?"

"네?"

"너희가 강력계 형사이고 프로파일러잖아. 가서 범인 잡아 와. 누가 어떻게 죽었는지 논리적으로 잘 해결해서 와."

이쯤이면 아이들은 자신이 걸려들었다는 사실을 알게 됩니다. 하지만 굳이 그 상황 밖으로 나갈 필요를 느끼지는 않지요. 그래서 보조를 맞춰 샘과 함께 작당을 하는 무리가 됩니다.

"그럼 책 읽어보면 되는 거예요?"

ㅎㅎ 귀여운 녀석들.

저는 탐정 코난이 있는 학습지 한 장을 나누어주고 기다립니다. 저는 수사반장입니다.

> <범인을 잡아라!!>
> 1964년 겨울, 서울의 한 여관에서 한 남자의 시신이 발견되었다. 여러분은 가장 뛰어난 강력반 형사이면서 실력 있는 프로파일러다. 지금부터 여러분은 현장 조사 및 주변 인터뷰를 통해 이 사건 용의자들을 찾고, 이

> 사건의 전말을 밝혀야 한다. 그리고 그 결과를 보고서에 정리하여 제출하여야 한다. 여러분의 멋진 활약을 기대한다.^^

「명탐정 코난」 화면 캡처

학생들은 강력계 형사가 되어 책을 읽습니다. 서로 질문하고 다시 책을 읽고 단서를 찾아 한 문장 한 문장 꼼꼼히 봅니다. 범인이 여럿 나옵니다. 그러면 다시 책에서 반박 근거를 찾습니다. 저렇게 책을 열심히 보고 저렇게 서로 많은 질문을 주고받는 건 간만이군요.

그래서 범인은 잡았을까요? 아이들의 보고를 모아 보니 이런 다양한 의견이 나왔네요.

1) '사내' 자살론(비관해서. '나'와 '안'의 살해 동기 없음.)
2) '안' 살해론('안'이 아내와 '사내'를 모두 죽임.)
3) 3인 자살론(셋 다 자살하려고 했으나 '사내'만 죽고 둘은 살아남음.)
4) '나' 살해론(내가 '사내'를 죽임. 시험을 못 봐서 기분 나쁜 상태임. 개미, 말에 일관성이 없음.)
5) '나'·'안' 공범론('나'와 '안'이 공범해서 '사내'를 죽임. 아침에 둘 다 도망침. 둘 다 파리 이야기하는 걸 보니 사이코패스인 거 같다.)

이렇게 다양한 의견이 나올 줄 수업 전에는 전혀 상상하지 못했습니다. 아이들이 책을 어떤 식으로 읽는지, 어떤 식으로 논리적 토대를 만들어 가는지 파악할 수 있는 의미 있는 시간이었습니다.

"'나'가 범인이라는 근거가 무엇입니까?"
"교과서에 보면 '개미'가 나옵니다. 이 개미는 '나'의 양심을 의미합니다. 왜 양심을 이야기하겠습니까?"
"'개미'가 양심인 것은 저도 동의합니다. 하지만 그렇다고 해서 살인범이라는 증거는 되지 못합니다. 같은 방에서 자고 싶다는 '사내'의 소원을 들어주지 못한 것이 양심에 찔렸을 수도 있지요."
"그럼 왜 신고하지 않고 그냥 도망칩니까? 게다가 간밤에 숙박계에 '거짓 이름, 거짓 주소, 거짓 나이, 거짓 직업'을 썼습니다. 그리고 '안'과 하는 대화 중에 '두려워집니다.'라는 구절도 자신이 한 행위에 대한 두려움이라고 볼 수 있습니다."
"하지만 '안'과의 대화에서 꾸준히 '난 그 사람이 죽으리라는 것을 짐작도 못했다.'고 말합니다. 아주 여러 번 이야기합니다. 그게 진심 같습니다."

결론은 당연히 나왔습니다. 소설에는 자살이라는 정황이 나옵니다. 그런데 자살 같지 않은 느낌이 들도록 작가가 의도적으로 장치를 해 놓았기 때문에 학생들이 갑론을박 논쟁이 많았지요. 타인의 죽음에 너무 무관심하고 이기적인 사회를 비판하기 위해 쓴 소설이기 때문에 '사내'의 죽음에 '나'와 '안' 또한 자유로울 수 없다는 게 작가의 의도였으니까요. 덕분에 우리는 현장 조사하고, 서로 머리를 맞대 사건을 정리하느라 한 시간 내내 묻고 답하고 다시 물었습니다. 아주 깨를 볶는 시간이었습니다. 학생들도 재미있었나 봅니다.

"샘, 정말 재미있는 소설이네요."

여담 하나.

「정읍사」 수업 때의 일입니다. 작품에 대한 아무런 정보 제공 없이 시를 읽고 화자를 찾도록 했습니다. 그런데 몇 모둠에서 '화자는 남자'라는 주장이 나왔습니다.

"왜 남자라고 생각해?"

"기다리는 사람이 시장에 갔잖아요. 시장에 장 보러 가는 사람은 여자니까 당연히 화자가 남자지요."

놀~람.

"그렇구나. 충분히 그럴 수 있어."

이세 다른 모둠들과 함께 논의를 해야 합니다.

"혹 화자가 여자라고 나온 팀 있나요?"

몇 모둠이 손을 듭니다.

"왜 여자라고 생각하나요? 이 모둠에서는 시장에 간 사람이 여자니까 화자가 남자라고 주장하는데."

"여자가 시장에 가서 안 돌아오는데 남자가 달을 보며 무사히 돌아오기를 비는 것이 좀 이상합니다. 어두운데 데리러 가야 하는 거 아니에요?"

또 다른 팀에서 새로운 의견을 말합니다.

"시의 전체적 어조가 여성적입니다. 비추어 주소서, ~가 계신가요? 디딜까 두렵습니다 등등. 여자 말투 아닌가요?"

그러자 화자가 남자라는 모둠에서 다들 고개를 끄덕끄덕합니다. 충분히 설득이 되었네요.

이런 과정 없이 「정읍사」는 '아내가 시장 간 남편을 기다리는 백제의 노래'라고 교사가 알려주면 아무런 궁금증이 나지 않습니다. 고민 없이 답을 알게 되니 물을 것이 없네요.

# 03

질문하고 표현하는 국어 시간

5장 나에게로 다가가는 단계별 표현 수업
6장 읽기의 편견을 넘어 새로운 읽기 지도로
7장 읽고 표현하는 국어 수업

5장

나에게로 다가가는 단계별 표현 수업

이름에 긍정적 수식어 붙이기

말을 잘하려면 어떻게 해야 할까요?

다른 것 없습니다. 많이 해 보면 잘합니다. 말 잘하는 몇 가지 기법이 있지만 그것도 많이 해 봐야 먹힙니다. 말을 많이 자주 해 보면 무엇이 부족하고, 어떤 것이 더 좋은지 알게 됩니다. 나 혼자 하지 않고 친구들이 말하는 것을 꾸준히 보기 때문에 저절로 배웁니다.

수업 시간에 말을 많이 하도록 하면 시끄럽겠지요? 걱정되실 겁니다. 그래서 그냥 수다가 아니라 발표를 많이 하도록 해야 합니다. 주제가 있는 공적 대화를 하고 전체 앞에 나와서 자꾸 말해보는 것이지요. 요즘에야 학생 활동 중심 수업이 확대되어 학생들이 발표에 익숙하고 또 잘하는 편입니다.

하지만 여전히 말하는 것은 쉽지 않습니다. 부끄러워 대충 말하고 얼른 들어가거나 껄렁거리며 흔들흔들 불량스럽게 말하면서 센 척을 합니다. 그러니 듣는 학생들도 부끄러워하는 친구에게 용기를 주기보다는 비난을 하고, 센 척하는 친구에게 호기를 부리도록 부추깁니다. 간만에 발표 수업 좀 하려고 했더니 속만 상합니다.

저는 표현력은 마음가짐에서 시작한다고 봅니다.

자신의 생각이나 감정은 언제나 소중한 것이며 그 누구도 무시할 수 없다는 것을 믿는 마음가짐 말입니다. 자신의 의견이 다른 사람과 달라도 다름 때문에 차별이나 냉대를 받을 수 없다는 마음가짐을 가져야 표현에서 당당함을 유지할 수 있습니다. 그런 마음을 어떻게 키울까요? 어떻게 그런 당당한 마음가짐을 가지도록 가르칠까요?

제가 처음 시도한 것은 자신에 대한 존중감 키우기입니다. 방법은 아주 간단합니다. 이름 앞에 긍정적 수식어를 붙이는 것이지요. 새 학기가 되면 이 수업을 꼭 합니다.

긍정적으로 자기 인식하기

첫 시간, 모두가 긴장하며 탐색하는 시간. 저는 아이들이 잘 보이는 장소에서 허리를 바르게 펴고 섭니다. 웃으며 큰 소리로 인사합니다.

"안녕하세요. 인생을 아름답게 사는 오드리 이금희입니다."

"안녕하세요."

아이들이 얼결에 제 인사를 받고 몇 명 대꾸해줍니다. 오드리가 누군가요? 맞습니다. 여러분이 생각하는 오드리 햅번의 오드리입니다. 사진을 보여주면 모두들 '아, 저 사람' 하고 알아봅니다.

"오드리 햅번은 제 롤모델입니다. 제가 보기에 오드리 햅번은 젊어서도 아름다웠지만 나이 들어 더 아름다운 배우였습니다. 베풀고 나누는 삶을 꾸준히 실천하였기 때문인데요. 오드리 햅번을 보면서 나이 드는 것이 참 아름답구나 싶었어요. 저도 아름답게 나이 들고 싶어서 이름 앞에 오드리를 넣었습니다."

그제야 아이들이 아~ 합니다. 수업은 시범입니다. 이론이 아니라 교사가 직접 몸으로 보여줍니다. 그래서 저는 새 학기 초반에는 최대한 예쁘게 차려입습니다. 중요한 사람을 만나는 자리이니까요. 교실에 들어갈 때는 무조건 웃고 들어갑니다. 설령 기분 언짢은 일이 있다 해도 교실 문 앞에서 긴 호흡을 하고 기분 흐름을 끊습니다. 문을 열면서 가장 환하게 웃습니다.

'얘들아, 내가 왔다. 너희들을 만나러 가장 행복한 마음으로 왔다.'
쫌 소름이지요? 그래도 이렇게 합니다. 교실 들어갈 때는 무조건 웃습니다. 우리는 오늘 처음 만나고 서로 행복할 일만 있는 사이입니다. 찌푸리지 말고 활짝 웃으면 됩니다. 그러면 아이들도 웃습니다.

제 인사를 하였으니 아이들에게도 인사를 시킵니다. 사춘기 학생이 달달하게 자기 소개하기가 쉽지 않습니다. 징그럽다 합니다. 하지만 그 이유를 꼭 말합니다.

"자신을 스스로 자랑스럽게 생각할 수 있어야 해. 자신의 강점을 수식어로 적어도 좋고 현재의 부족한 점을 극복한 상태를 적어도 좋아. 단 무엇이든 긍정적인 내용으로 붙이자."

아이들이 자신의 책에 이름을 적으면서 잠시 고민을 합니다. 나는 어떤 사람이지? 나는 무엇을 잘하지? 나는 무엇을 잘하고 싶지? 적었으면 당연히 발표를 해야 합니다. 제가 키워주고 싶은 표현력은 앉아서 그냥 떠드는 것이나 자신을 밝히지 않고 하는 불평이 아닙니다. 어떠한 내용이든 당당하게 자신의 입장을 공개적으로 표현하는 것입니다.

첫 시간 전체 학생이 다 나와서 자신을 소개하는 것이 좋습니다. 휘리릭 나와서 대충 하면 "안 돼." 다시 시킵니다.

"온 발바닥에 힘을 골고루 줘 봐. 그럼 허리가 절로 펴질 거야."

목소리가 작은 것은 처음에는 지적하지 않습니다. 사람마다 다르니까요. 하지만 바르고 당당하고 힘있게 인사하라고 합니다.

"안녕하세요. 저는 수학을 좋아하는 홍길동입니다."

"안녕하세요. 00고에서 제일 잘 생긴 홍길동입니다.

"인내심이 많은 홍길동입니다."

"20년 뒤에 사장이 되어 있을 홍길동입니다."

오오오~

드디어 학생들이 변형을 합니다. 따라 하지 않고 자신의 개성을 드러내기 시작하지요. 그래서 발표는 모든 학생이 다 하는 것이 좋습니다. 교사 입장에서는 30회로 느껴지지만 학생들은 단, 한 번일 뿐입니다. 앞에 나와서 발표해 본 경험이 없는 학생이 제법 있습니다. 부끄러워서, 잘하는 아이에게 밀려서, 시간이 없어서, 선생님이 안 시켜서 등등의 이유로 말해볼 기회조차 없었습니다.

한 학생이 이렇게 자신을 소개하였습니다.

"안녕하십니까? 3년 동안 단 하루도 지각하지 않은, 다사의 사나이 OOO입니다."

학생들이 박수를 칩니다. 이게 무슨 이야기냐면 매일 등교 시간이 한 시간 반 정도 되는데 3년 동안 한 번도 지각을 하지 않았다는 이야기네요. 말은 한 문장이지만 우리는 이 말에서 무수히 많은 자질을 찾아냅니다. 성실하다. 책임감 있다. 시간 약속을 잘 지킨다. 자신에 대한 믿음이 있다. 학교에 대한 애정이 있다. 꾸준하다. 건강하다. 시간 안배를 잘한다. 그 어떤 자기소개보다 더 낫지요?

"너 이 소개 면접 갈 때 꼭 사용해라. 이 한마디면 너는 합격이다." 제가 칭찬을 해 주었습니다.

그런데 꼭 이런 학생들이 있습니다.

"인내심을 기르고 싶은 홍길동입니다."

"그건 안 돼."

무엇이 문제인가요? 그렇지요. '기르고 싶은'이 잘못입니다. '인내심을 기르고 싶다'는 말은 현재 인내심이 없다고 스스로 판단하고 있다는 말입니다. 자신의 결핍을 인식하고 있습니다. 이 말은 '나는 부족해, 모자라.'라고 말하는 것과 같습니다. 그래서 이 말은 이렇게 바꾸어줍니다.

"인내심이 누구보다 강한 홍길동입니다."

이런 자그마한 말 차이가 삶의 자세를 크게 바꿉니다. 나는 '이런 사람이야.'라고 믿는 거지요. 스스로 만족스러운 상태임을 믿는 것입니다. 그래서 기도를 하거나 무언가를 빌 때 "나에게 ~해 주세요."라고 빌면 안 된다고 합니다. 부족하니 좀 더 달라는, 조금 험하게 말하면 일종의 거지 근성을 가지게 된다고 하네요.

염원을 말할 때는 이미 나에게 내가 원하는 상태가 이루어져 그것을 행하고 있는 상태를 말하면 됩니다. 예를 들어 반에서 일등을 하고 싶다면 "일등 해서 다른 친구들에게 많이 가르쳐주겠습니다. 감사합니다." 이렇게 빌면 됩니다. "부자 되게 해 주세요."라고 빌지 말고 "제 돈으로 주변 사람들을 많이 돕겠습니다. 감사합니다." 이렇게 기도하면 된다고 합니다.

꾸준히 반복하기

발표할 때 교사는 한두 가지의 기준만 제시합니다. 자신을 긍정적으로 소개해라. 허리를 펴고 당당하게 말하라. 그 외의 자질구레한 것은 안 해도 이미 학생들은 친구들의 발표를 통해 배웁니다. 어떻게 서야 하는지, 목소리는 어떻게 내야 하는지, 표정은 어떻게 지어야 하는지, 마무리를 어떻게 하고 어떤 자세로 들어가야 하는지를 배웁니다. 교사가 다 가르치겠다는 생각이 항상 위험하지요.

긍정적 수식어로 이름 발표하기는 첫 시간 한 번으로 끝내면 안 됩니다. 매시간 발표할 때마다 써 먹도록 합니다. 그런데 이게 생각보다 어렵습니다. 자신에게 힘을 주는 말을 공식적으로 하기가 얼마나 어려운지 모릅니다. 선생님도 '이만하고 말까?' 하는 유혹에 빠지기 쉽고 학생들도 쑥스러워 안 하려 합니다. 그러나 한 학기 정도 꾸준히 해야 합니다. 나와서 발표할 때는 꼭 자신을 먼저 소개하고 내용을 발표하도록 정해둡니다.

왜일까요? 자꾸 반복해야 진짜 내 것이 되고, 몸에 스며듭니다. 머리에 든 것은 위급 상황이 되면 어디론가 도망가 버리고 그 전에 몸에 익혀 놓은 것이 나와 버립니다. 그래서 우리는 몸에 익혀야 합니다. 무의식 저 아래에 깔아 놓아 자신이 '괜찮고 멋있고 가능성 있고 훌륭한 존재'라는 것을 늘 기억하고 인지하고 있도록 해야 합니다. 처음에는 장난처럼 여겨져도 반복하면서 스스로 인정하고 깊이 믿어버립니다.

자신을 긍정적으로 소개하는 학생은 절대로 함부로 행동하지 않습니다. 수업 시간 교사에게도 친구에게도 존중감을 표현합니다. 자신이 존중받으니 타인을 존중하게 되는 거지요.

주어와 서술어로 표현하기

생각의 덩어리로 표현하기

"『태평천하』의 윤직원 영감에 대해 어떻게 생각하니?"
"나빠요."
"왜?"
"친일했잖아요."
"친일이 왜 나빠?"
"자기만 살려고 하였잖아요."

수업 시간의 대화 모습입니다. 교사는 문장으로 묻고 학생은 단어 혹은 구절로 답합니다. 묻지 않으면 '나빠요'에서 머물고 맙니다. 다른 질문도 거의 비슷합니다.

"장래 어떤 직업을 갖고 싶니?"
"의사요."
"왜?"

이렇게 반복됩니다. 왜 아이들은 생각을 덩어리로 말하지 않을까요?

보통 생각의 덩어리를 문단이라 합니다. 교사의 질문에 학생이 생각 덩어리를 다 묶어 대답하는 교실, 제가 희망하는 질문과 답변은 이렇습니다.

"『태평천하』의 윤직원 영감에 대해 어떻게 생각하니?"
"저는 윤직원 영감의 삶의 자세가 옳지 않다고 생각합니다. 왜냐하면 그는 오로지 자신의 이익만을 위해 살았기 때문입니다. 자신의 재산을 지켜준다고 일본 경찰을 위해 막대한 돈을 기부하였습니다. 그 기부금이 일본 경찰을 살찌우고 독립 운동을 하는 동족을 탄압한다는 사실에 전혀 죄책감을 느끼지 않았습니다. 그런 이기적인 삶의 태도는 당연히 비판받아야 한다고 생각합니다."

주어와 서술어를 갖춘 문장이 연결되어 하나의 생각을 논리적으로 드러내는 표현, 지나친 욕심인가요? 아닙니다. 충분히 이렇게 표현할 수 있고, 당연히 이렇게 표현하도록 가르쳐야 합니다. 그걸 가르치라고 국어 수업을 하는 것이니까요. 생각을 주장과 근거로 나누고, 근거를 구체적 사례로 제시하고, 주어와 서술어를 갖추어 말하도록 가르치면 충분히 이렇게 표현할 수 있습니다.

그러자면 몇 개의 단계가 필요할 것 같습니다. 단계별로 가르쳐볼까요?

주어 찾기로 서술형 평가 완성하기

서술형 문항이 늘고 있습니다. 저는 아주 바람직하다고 생각합니다. 서술형 문제는 선택형 문제와 무엇이 다를까요? 좀 더 정확히 외워야 한다? 앞뒤 인과 관계를 알아야 한다? 그것도 어느 정도 맞지만 제가 보기에는 서술형 문제는 '문장형 사고'를 요구한다는 점에서 다른 것 같습니다.

문장형 사고란 무엇일까요? 바로 주어와 서술어로 사고하는 것입니다. 즉 자신이 말하고자 하는 것(주어)과 그것의 성격이나 입장(서술어)을 구분해서 사고할 줄 아는 것이지요. 이 구조가 표현의 기본 구조입니다. 그래서 서술형 문제를 잘 풀려면 주어 + 서술어로 사고를 해야 합니다. 이를 위해서는 끊어 읽기, 주어 찾기, 조건 확인하기를 할 줄 알아야 합니다.

서술형 문제 제대로 답하는 팁

1) 끊어 읽기
2) 주어 찾기
3) 조건 확인하기

첫째, 문제를 끊어 읽어야 합니다. 출제자는 항상 문제에 답으로 가는 화살표를 그려놓습니다. 단어 하나, 조사 하나, 쉼표 하나 신경 써서 문제를 만듭니다. 그러니 절대로 맘대로 읽으면 안 됩니다. 드러난 그대로, 끊어가며 읽어야 합니다. 그 다음 주어를 먼저 찾습니다. 주어와 조건으로 가상의 문장을 만들어놓고 그에 맞는 답을 추가하는 방식으로 답을 완성합니다. 예를 볼까요?

[서술형] <보기>는 채만식의 『태평천하』이다. 윗글의 '나'와 <보기> 화자의 공통된 가치관에 대해 조건에 맞게 서술하시오.

<조 건>
1. 시대적 배경을 포함할 것
2. '~ 다.'로 끝나는 문장 형태로 쓸 것

끊어 읽기 : 윗글의 '나'와 <보기> 화자의 / 공통된 가치관에 대해 / 조건에 맞게 / 서술하시오.

주어 찾기 : '나'와 <보기> 화자의 공통된 가치관은 ~ 다.

조건 적용 : '나'와 <보기> 화자의 공통된 가치관은 일제 강점기 시대 ~ 다.

의외로 서술형 답안에 학생들이 주어를 많이 생략합니다. 주어를 생략하다 보니 오답이 나오기 쉽습니다. 자신이 지금 무엇에 대해 쓰는지를 제대로 인식하지 못하고 있기 때문입니다. 그래서 서술형 문제를 풀 때 주어를 꼭 찾으라 강조합니다.

[서술형] 윗글(난쟁이가 쏘아올린 작은 공)을 읽고 물음에 서술하시오.

(1) '난쟁이'의 상징적 의미를 서술하시오.
(2) 작가가 '아버지'를 '난쟁이'로 설정한 이유를 조건에 맞게 서술하시오.

<조 건>
1. 당대 사회 현실을 구체적으로 드러낼 것
2. 작가가 전달하고자 하는 메시지와 연계하여 쓸 것

주어를 찾아 예상 문장으로 만들면 다음과 같습니다.

1) 난쟁이는 ~ 라는 상징적 의미를 가진다.
   난쟁이의 상징적 의미는 ~ 다.
2) 작가는 / ~ 사회의 / ~ 위해 / '아버지'를 '난쟁이'로 설정하였다.
   작가가 '아버지'를 '난쟁이'로 설정한 이유는 / ~ 사회의 / ~를 위해서다.

서술형 문항은 인과 관계를 찾으며 논리적으로 사고하는 힘을 키워줍니다. 따라서 단답식 문제나 본문에 있는 문장을 그대로 찾아 적는 것은 서술형 문제의 본 취지와 거리가 있습니다. 주어진 조건에서 학생들이 추론하여 사고하고 그것을 온전한 문장으로 표현하도록 해야 진짜 서술형이라 할 수 있겠지요.

저는 앞으로 한 문단 쓰기 서술형, 1,000자 쓰기 서술형 등으로 확장되기를 기대합니다. 걱정 마십시오. 학생들은 잘 씁니다. 선생님이 두려워하는 것보다 더 잘 씁니다. 초등학교 때부터 연습해 온 것이라 별로 겁이 없습니다.

과거에서 벗어날 수 있다면 우리는 자유로운 존재가 될 수 있을까?
현실이 수학적 법칙을 따른다고 할 수 있는가?
우리는 자기 자신에게 거짓말을 할 수 있나?
역사는 인간에게 오는 것인가 아니면 인간에 의해 오는 것인가?
예술 없이 아름다움에 대하여 말할 수 있는가?
노동은 도덕적 가치를 지니는가?
우리는 과학적으로 증명된 것만을 진리로 받아들여야 하는가?

유럽 국가의 대학입시 문제입니다. '바칼로레아'라고 하지요. 어떤가요? 이런 문제 앞에서 선생님은 어떤 느낌이 드나요? 이런 문제에 대해

긴 글쓰기를 하는 외국 아이들과 우리나라 학생들이 만납니다. 당연히 우리 학생들도 그런 글을 쓰고, 오랜 시간을 즐겁게 토론하는 날이 오겠지요. 우리가 힘을 키우는 수업을 하면 됩니다. 그 토대를 우리가 만들어 가고 있다고 생각합니다.

한 문장으로 요약하기

옛날 한 왕이 갑자기 공부하고 싶은 마음이 생겼습니다. 신하에게 읽을 책을 골라 오라 했습니다. 신하는 '남아수독오거서'를 생각하며 다섯 수레 가득 좋은 책들만 골라 왕에게 주었습니다. 왕이 보니 책이 너무 많아 보였습니다. 저걸 언제 다 읽겠나?

"한 수레로 줄여라."

그런데 그것도 많아 보입니다.

"10권으로 줄여라."

"1권으로 줄여라."

"한 줄로 줄여라."

세상의 모든 지식을 단 한 줄로 요약해 오라는 왕의 명령에 신하가 고민을 합니다. 드디어 고민을 끝낸 신하가 단 한 줄의 문장을 들고 왕에게로 갑니다.

요약하기는 글의 핵심 내용을 정리하는 활동입니다. 요약하기를 하면 글의 흐름과 내용을 더 정확하게 이해할 수 있고, 읽은 내용을 오래 기억하는 데 도움이 됩니다. 한 줄로 요약하기는 전체를 꿰뚫는 핵심을 찾도록 해 줍니다. 그래서일까요? 학생들은 요약하기가 어렵다 합니다.

요약하기를 잘하려면 어떻게 해야 할까요? '독서백편의자현'처럼 백 번 읽으면 될까요? 물론 많이 읽는 것은 좋은 방법입니다. 하지만 두 개의 키워드를 알면 쉽게 요약할 수 있습니다. '화제'와 '입장'입니다.

중심 화제(주어부)	+	입장(서술부)
무엇에 대해		어떤 입장(내용)인가?

글이란 화제(대상)에 대한 글쓴이의 생각(특징, 성격, 입장) 또는 느낌(정서, 관점)을 서술한 것입니다. 따라서 요약을 할 때는 제일 먼저 글의 화제를 찾아야 합니다. 그 다음 글쓴이가 그것에 대해 무얼 말하고 있는지 스스로 따져봅니다. 주어부 + 서술부로 되어 있는 단 한 문장으로 적어 봅니다.

주어 서술어로 주제 정리하기

『메밀꽃 필 무렵』의 주제를 한 문장으로 요약하시오.
  학생 답안 : 허생원과 동이는 부자지간이다.
          장돌뱅이의 고단한 삶도 사랑이 있어 행복하다.
          하룻밤의 인연이 평생을 좌우한다.
          운명은 만날 사람은 만나게 한다.

아이들이 다양하게 요약합니다. 어떤 것이 맘에 드나요? 한 줄 요약하는 것은 몇 줄 요약보다 어렵습니다. 더 이상 빠져나갈 수 없기에 정면 돌파해야 하는 상황 같으니까요. 글을 읽고 학생들에게 한 줄 요약을 연습시켜 보면 좋습니다. 그게 주제잖아요.

『홍길동전』의 주제를 검색해 보니 이렇게 나옵니다.

『홍길동전』의 주제는 무엇인가요?
　주제 : 사회 제도 개혁(봉건적 계급 타파)
　　　　탐관오리 규탄과 빈민 구제
　　　　해외 진출 사상

물론 무슨 소리인지 이해는 다 갑니다만 잠시 트집을 잡겠습니다. '사회 제도 개혁'을 해야 한다는 말인가요? 아니면 반대한다는 말인가요? '해외 진출 사상'이 필요하다는 말인지요? 위험하다는 건가요? 이렇게 트집을 잡을 수 있는 이유는 문장이 아니라 명사로 끝났기 때문입니다.

"밥"

"그래서 어쩌라구?"

"아니 밥"

"밥 먹고 싶다고? 밥 먹었다고? 밥 싫다고? 밥 사주겠다고? 도대체 뭔 소리야."

글의 주제는 문장으로 요약해야 합니다. 그래야 글에서 말하고자 하는 바가 뚜렷하게 드러납니다.

한 문장으로 요약하기는 대화나 상황의 핵심을 찾는 능력을 키워줍니다. 이게 연습이 되면 일상 대화를 하거나 어떤 상황을 파악해야 할 때 좀 더 빨리 핵심을 찾고 파악할 수 있게 됩니다.

주장과 근거로 표현하기

주장과 근거로 두 문장 쓰기

싸움은 갈등에서 나옵니다. 갈등은 서로 다른 의견이 낳습니다. 서로 다른 의견이라서 무조건 다툴까요? 아닙니다. '나만 옳다.'에 머물러 있을 때 싸웁니다. 그런데 더 잘 보면 주장이 달라서 싸우는 것이 아니라 그 주장의 근거가 없기 때문에 싸웁니다.

"난 우주인이 있다고 봐."
"흥, 우주인이 어디 있어. 나는 없어."
"있다니까."
"없어. 없다고. 있으면 내 손에 장을 지진다."

잘 싸우지요. 열흘 밤낮을 싸워도 끝이 안 납니다. 밥을 먹고 싸워도 결말이 안 납니다. 더 끈질긴 측이 이깁니다.

이런 화법이 의외로 우리 주변에 많습니다. 말버릇 없다고 혼나는 학생들이 이런 화법을 많이 쓰고요. 벽창호 같다는 교사들이 이런 화법의 애용자입니다. 이들은 주장만 있고 근거가 없습니다. 모든 주장에는 근거가 있어야 한다는 것을 수업 시간에 이론적으로 배웠어도 실제 언어생활에서는 의외로 근거 없는 주장들이 많습니다.

그래서 제대로 표현하기 위해 가장 기본이라 할 수 있는 주장 + 근거 형식을 학생들이 몸에 익히도록 하였습니다. 수시로 이런 화법에 놓여야 하니 활동지에도 넣고 수업 시간에도 "나는 ~라고 생각한다. 왜냐하면 ~이기 때문이다."로 말하도록 발문을 합니다.

『임경업전』에서 영웅이 억울하게 죽는 것을 보니 _____ 니다.
왜냐하면 _____ 하기 때문입니다.

제가 학습지의 마지막 문제로 제시하는 '마음 힘 키우기'입니다. 자신의 생각이나 감정을 주장 근거의 형식으로 적어 봄으로써 자신이 현재 어떠한지 왜 그러한지를 스스로 분석할 수 있습니다. 이 간단한 두 문장은 감정에 빠져 있다가도 그것을 객관화할 수 있도록 해 주는데요, 그러한 알아차림이 의외로 문제를 해결하는 큰 힘이 됩니다.

나는 고등학교를 모두 남녀공학으로 바꾸어야 한다고 생각한다.
왜냐하면 _____ 하기 때문입니다.

의견을 드러내는 글쓰기에도 가장 기본은 이 방식입니다. 주장과 근거를 갖추어 쓰도록 합니다. 긴 글을 바로 쓰게 하지 말고 이렇게 짧은 구조를 반복해서 연습을 해 보면 기본 사고의 틀이 바뀌게 됩니다. 스스로도 '아차, 이 주장의 근거가 뭐지?' 하고 인지하게 됩니다. 타당하고 합리적인 사람이 될 수 있는 가장 단순하면서도 강한 힘, 주장과 근거로 말하고 사고하는 것입니다.

주장과 근거로 한 문단 쓰기

이제 한 문단 쓰기로 갑니다. 문단은 몇 개의 문장으로 이루어져 있습니다. 그럼 그 몇 개의 문장의 순서를 제시해주면 됩니다. 모든 과목에서 이 형식의 글쓰기가 가능합니다. 글을 읽고 중심 내용을 한 문장으로 요약하도록 합니다. 그 주장에 대해 찬성 혹은 반대 혹은 제3의 주장을 정하고 그 구체적 근거로 자신의 경험을 제시하는 것입니다.

글쓴이의 생각에 대한 자신의 입장을 <조건에 맞게> 한 문단으로 적어보자.

> 글쓴이의 주장 : 청소년기의 방황은 인생에 보탬이 된다.
>
> <조 건>
> 1) 글쓴이 의견에 대해 찬성 또는 반대의 입장을 정한다.
> 2) 입장을 뒷받침하는 근거로 자신의 경험을 생각한다.
> 3) 모둠에서 말로 해 보고 그것을 주장 + 근거의 순서로 적는다.

나는 지은이의 의견에 반대한다. 왜냐하면 방황은 여러 가지로 사람들을 아프게 하기 때문이다. 내가 방황을 해 본 적이 없지만 친구가 방황하는 것을 보았다. 친구는 집에도 들어가지 않고 친구 집에서만 잤는데 그것은 여러 사람에게 피해를 줄 뿐만 아니라 부모님 마음을 흩뜨려 놓는다. 이렇게 살다 보면 방황을 끝내고 제자리를 찾기가 쉽지 않을 것 같다.

나는 글쓴이의 의견에 동의한다. 나도 1학년까지 공부를 왜 해야 하는지 몰라 학교를 자주 빠졌다. 무단결석도 하고, 무단지각, 무단결과, 꾀병으로 조퇴도 하여 보았다. 그런데 이 방황 덕에 내 주위 환경을 조금 더 둘러보게 되었다. 내가 처한 처지를 둘러보았기에 2학년 땐 지각 조퇴 1번 없었고, 2학기 땐 공부하려고 노력하게 되었다. 물론 지금도 열심히 하는 중이다. 나는 방황이라는 것이 무엇을 찾기 위함이라 하면 좋은 동기 부여가 된다고 생각한다.

PREP로 4문장 쓰기

PREP[2]이란 point-reason-example-point의 약자입니다. 구체적으로 개념을 풀이하면 아래와 같습니다. 앞에서 소개한 주장+근거를 좀 더 확장한 것으로, 제 경험에 의하면 이것은 말하기와 쓰기에서 만병통치약입니다. 당연히 요약하기에도 효력이 좋지요.

Point	주장	핵심의견	~ 해야 한다.
Reason	이유	추상적 근거	왜냐하면 ~ 기 때문이다.
Example	사례	구체적 예	예를 들면 ~
Point	강조	요약	다시 말해 ~

예를 들어볼까요?
주장(P) : 엄마, 저 용돈 좀 올려주세요.
이유(R) : 요즘 간식비가 너무 올라서 사 먹을 게 없어요.
사례(E) : 김밥하고 떡볶이가 500원이나 올랐어요. 제가 좋아하는 꼬치도 300원 올라서 정말 용돈으로 사 먹을 게 없어요.

---

2) 오시마 도모히데, 『논리적으로 말하는 기술』, 행담, 2009.

강조(P) : 헤헤, 엄마, 제가 쓰러지지 않게 용돈 좀 올려주세요.

용돈을 더 달라는 말이네요. 이유는 간식비가 올랐기 때문입니다. 여기까지가 주장의 이유지요. 그런데 이 정도로는 상대방이 바로 수용하지는 않습니다. 이제 설득의 사유가 나와야 합니다. 그것이 구체적 사례지요. 간식비라고 하는 추상적인 내용이 '김밥, 떡볶이, 꼬치'라는 구체적인 내용으로 나옵니다. 듣는 입장에서는 '아, 그렇게 많이 올랐구나. 그럼 네가 부족하겠구나.' 하는 맘이 생깁니다. 그때, 짠! 마지막 강조를 합니다. 강조는 같은 주장이지만 살짝 달리 해서 감정에 호소하는 것이 포인트입니다.

학생들과 수업을 해 보면 이유(R)와 사례(E)의 구분이 잘 안 됩니다. 이유를 적고 구체적 사례를 적어야 하는데 사례 자리에 다시 새로운 이유를 저는 학생들이 많습니다. 구체적이라는 말의 의미를 정확히 이해 못하는 학생들도 제법 있습니다. 다시 풀이하면 이유는 주장을 뒷받침하는 추상적 근거이고, 사례는 이유에 나온 추상적 개념을 구체적인 대상으로 설명한 것입니다.

근거 - 요즘 <u>간식비</u>가 <u>너무</u> 올라서 사 먹을 게 없어요.
     추상적 추상적

사례 - <u>김밥</u>하고 <u>떡볶이</u>가 <u>500원</u>이나 올랐어요. ~ <u>꼬치</u>도 <u>300원</u> 올라서
    구체적   구체적   구체적   구체적 구체적

추상과 구체의 개념은 아래처럼 설명하면 됩니다.

<u>음식</u>	─ 추상적
<u>한식</u>, 중식, 일식, 양식	⇧
<u>불고기</u>, 비빔밥, 김치찌개, 매운탕	⇩
홍대 앞 불고기집, 화곡동 불고기집, 역삼동 불고기집	─ 구체적

PREP는 거의 모든 글쓰기와 말하기의 토대가 됩니다. 이 규칙을 모르고 있는 사람도 실제 화법에서는 이 방식을 쓰고 있습니다. 그래서 학생들도 쉽게 익힐 수 있습니다. 기본 연습을 한 후에는 다양하게 활용할 수 있습니다.

좋아하는 인물 PREP로 소개하기

나는 운동 경기 중 야구를 가장 좋아하는데 그중 오승환 선수를 가장 좋아한다.(P) 이 선수야말로 인성과 실력을 갖춘 최고의 선수라고 생각한다.(R) 그는 좋은 기록을 세웠을 때도, 경기가 아무리 크게 이기고 있더라도 상대팀을 배려하는 마음에 절대로 얼굴 표정 하나 변하지 않는다. 대학 시절에는 부상으로 심한 슬럼프를 겪었지만 야구 선수라는 꿈을 포기하지 않고 자신의 문제점을 객관적으로 분석하고 남들이 자는 시간에도 운동장에 나와 연습해 슬럼프를 극복하고 현재 한국을 넘어 일본 리그에서 최우수 마무리 투수로 뽑히며 묵묵히 자신의 길을 걷고 있다.(E) 나도 힘든 일이 있더라도 극복하고, 남을 배려하는 인성을 본받아 마무리 투수 오승환처럼 나의 인생을 살고 싶다.(P)

주장하는 글쓰기의 단계 올리기

[한 문장 쓰기]
저는 남녀공학을 찬성합니다.

[두 문장 쓰기]
저는 남녀공학을 찬성합니다.
왜냐하면 이성에 대한 배려를 배울 수 있기 때문입니다.

[네 문장 쓰기]
(P) 저는 남녀공학으로 학교를 운영해야 한다고 생각합니다.
(R) 왜냐하면 남녀공학이어야 학생들이 이성에 대한 배려를 생활 속에서 배울 수 있기 때문입니다.
(E) 한 예로 남자 중학교를 다닌 우리 형은 남녀공학 고등학교에 가서는 같은 반 여학생에게 불쾌한 냄새를 풍길까 봐 자주 씻는 사람으로 바뀌었습니다.
(P) 이처럼 이성에 대한 관심이 많은 사춘기 때 남녀공학을 해야 자연스러운 배려를 익히게 된다고 생각합니다.

[4문단 쓰기]
저는 남녀공학으로 학교를 운영해야 한다고 생각합니다. 학교는 지식습득과 함께 살아가는데 필요한 교양과 인성을 익히는 곳입니다. 학교에서 학생들은 타인을 대하는 방법과 이성에 대한 배려심을 배우게 되는데 책이나 교사의 조언으로 이런 것들을 배우기가 어렵습니다.
왜냐하면 이성에 대한 배려는 남녀공학일 때 학교생활 속에서 자연스럽게 익힐 수 있기 때문입니다. 남녀공학은 남녀가 같은 공간에서 생활하기 때문에 이성의 특성이나 다양한 취향들을 가까이서 경험하게 됩니다. 그러면서 이성에게 피해를 주거나 불쾌감을 주는 행동이 무엇인지 생각하게 만듭니다.

한 예로 남자 중학교를 다닌 우리 형은 남녀공학 고등학교에 가서는 같은 반 여학생에게 불쾌한 냄새를 풍길까 봐 자주 씻는 사람으로 바뀌었습니다. 그전에는 냄새나는 양말을 며칠씩 신기도 하고, 아무 곳에서나 방귀를 뀌는 등 주변 사람들을 짜증나게 했습니다.

따라서 이성에 대한 관심이 많은 사춘기 때 남녀공학을 해야 배려를 자연스럽게 배우게 됩니다. 생활 속에서 스스로 깨달은 배려심은 이성뿐만 아니라 모든 인간관계에 꼭 필요한 밑거름이 될 것입니다.

주장과 근거로 1분 자기 소개하기

나를 소개합니다

취업이든 진학이든 아니 사소한 만남에서도 자신의 강점을 강렬하게 소개하는 능력을 가지고 있다면 정말 좋겠지요? 그럼 아주 짧은 시간에 좋은 인상을 남기려면 어떻게 말을 해야 할까요? 정답은 '두괄식으로 말하는 것'입니다.

"그냥 써 봐."

그러면 학생들은 첫 문장에서 막힙니다. 원래 글은 첫 문장이 어렵습니다. 글이란 꼬리에 꼬리를 물고 나오는 것이어서 첫 문장을 어떻게 시작하느냐에 따라 글이 달라집니다. 그렇다고 괜히 주저리주저리 돌아갈 필요가 없습니다. 광고는 15초에 승부를 건다고 하지만 우리는 1분에 승부를 걸어 보겠습니다.

1분 자기소개하기, 저는 아예 틀을 제시하여 내용을 채우도록 했습니다. 주어를 주는 거지요. 이 틀은 취업을 앞둔 특성화고 학생들에게 주었습니다. 인문계 학생이라면 대학 입시에 맞게 변형하면 됩니다.

주어를 제시하는 소개 양식

① 콘셉트 있는 자기소개
   (안녕하세요. 저는 ~는 OOO입니다.)
② 기업을 거론하며 취업하고 싶은 의지를 강하게 드러냄.
   (저는 ~에서 꼭 일하고 싶습니다.)
③ 자신이 알고 있는 기업에 대한 소개(대표 이름, 역사, 창사 연도 및 비전, 유력 사업, 장점, 혹은 약점, 구체적인 사실)
   (OO기업은 ~분야의 우수한 실적을 가진 기업이고, 이 기업에서 중요하게 여기는 가치는 ~로 알고 있습니다.)
④ 그 기업에 관심을 갖게 된 계기
   (제가 OO기업에 관심을 가지게 된 계기는 ~)
⑤ 자신의 장점과 특기(장점은 인성적인 측면, 특기는 직무와 관련된 측면) 소개
   (저는 ~을 잘합니다. 이런 저의 장점은 회사의 ~~점에 보탬이 될 것입니다.)
⑥ 기업의 성장과 연계된 자신의 포부나 계획
   (회사에 입사하면 저는 ~한 자세로, 혹은 ~한 꿈을 가지고 회사의 목표인 ~를 위해 최선을 다할 것입니다.)
⑦ 합격에의 소망과 의지 표현(감성적 요소에 호소하는 것이 좋음.)
   (~에서 가장 뛰어난 이 회사에서 제 청춘을 불태워 우리나라에서 알아주는 ~가 되고 싶습니다. 꼭 함께 일하고 싶습니다.)
⑧ 인사
   (감사합니다.)

이 양식을 주면 한 줄도 못 쓰던 학생들도 여덟 문장을 씁니다. 여덟 문장이면 충분히 자신의 소질과 포부를 상대에게 소개할 수 있습니다. 다시 한 번 훑어볼까요?

자기소개는 항상 두괄식 구성이 좋습니다. 두괄식 구성이란 중심 문장 혹은 메시지가 문단의 제일 앞에 위치하는 구성 방식을 말합니다. '거두절미하고 본론부터 말해'가 두괄식을 나타내는 말입니다. 대입이나 취업이나 나의 넋두리를 들어줄 시간은 없습니다. 꼭 말하고 싶은 내용을 제일 먼저 말합니다.

①은 긍정적 수식어를 가진 자기소개하기입니다. 자신을 한 문장으로 개성 있게 드러낼 수 있습니다.

②가 중심문장입니다. 나는 ~에서 일하고 싶습니다. 자신의 간절한 바람을 바로 말합니다. '제가 어렸을 때 운운'이나 '저희 아버지는 운운'은 절대 안 됩니다. 단호하게, 깔끔하고 짧은 문장으로 주장을 말해야 합니다.

그 다음 '왜냐하면~'에 해당하는 것이 ③, ④입니다. ③은 내가 상대를 충분히 조사하여 알고 있다는 것을 보여줍니다. 대부분의 단체는 자신의 약점은 잘 드러내지 않습니다. 강점 위주로 소개합니다. 만약 약점을 제대로 파악할 줄 안다면 아예 공격적으로 '이 회사는 ~한 점이 약점이라 할 수 있습니다.'로 말해도 됩니다. 그만큼 미리 알아보고 회사에 대한 정보를 많이 가지고 있다는 의미일 테니까요. 이제 상대는 궁금하겠지요? '그래? 그럼 네가 들어와서 우리에게 무슨 이득이 되는지 말해봐.'

⑤, ⑥이 그 욕구를 충족시켜 줍니다. 자신의 강점을 취업 희망 기업과 연계하여 서로 윈-윈 하는 관계가 될 수 있다는 것을 피력합니다. 이

제 할 말이 끝났습니다.

⑦은 다시 한 번 자신의 주장을 전달하되, ②보다는 감정적 호소를 합니다. 약간의 과장이 들어가도 좋습니다. 꼭 합격하고 싶다는 강한 열정이 드러나는 부분이니까요.

⑧ 인사합니다.

1분 자기 소개하기의 예

다음은 고속버스 운전기사를 하려는 학생의 1분 자기소개입니다. 이 학생은 버스 덕후입니다. 대구 시내버스의 모든 노선을 꿰고 있을 뿐만 아니라 전국 고속버스 회사의 웬만한 속사정까지 다 알고 있는 버스전문가입니다. 버스 회사의 차량 수, 자동차 생산 연대, 노후 정도를 다 파악하고 서포터즈 입장에서 회사에 교체 시기 및 문제점 등을 제안하는 등, 제가 봤을 때 기이한(?) 학생입니다. 분명 나중에 큰 고속버스 회사를 경영할 녀석이라고 저는 미리 점찍어 놓았습니다.

안녕하십니까? 저는 안전한 가마꾼 김□□입니다. 저는 00고속에서 꼭 일하고 싶습니다. 00고속은 국내 최대의 운송기업으로, 1,200여 대의 버스와 190여 개의 노선을 갖춘 운송기업이라 알고 있습니다. 저는 평소 00고속을 애용합니다. 그러다 00고속의 사고율이 다른 고속 운송기업에 비해 낮은 이유가 바로 00고속만의 출구점검과 차선이탈방지 장치에 있다는 것을 알게 되었고 00고속에 더욱 믿음이 갔습니다. 그래서 승객의 안전을 신경 써주고, '안전제일 고객행복'을 추구하는 기업에서 꼭 일해보고 싶다는 소망을 갖게 되었습니다.

저는 버스동호인 활동과 OO고속 행복 서포터즈를 3년째 병행해 왔습니다. 그래서 OO고속의 버스 사양과 특징, 버스 운영 체계에 대해 잘 알고 있습니다. 이 회사라면 고속 운전기사의 자부심을 가질 수 있을 것 같아 지원하게 되었습니다. 저는 운전이라면 누구보다 자신 있습니다. 꼭 OO고속에 들어가서 '최고로 친절하고 안전한 기사'라는 말을 들으면서 아름다운 기업과 아름다운 사람으로 거듭나 최종 목적지인 고객 행복을 위해서 달려 나가겠습니다. 감사합니다.

근거가 확실한 자기소개서 작성하기

설명하지 말고 보여줘

자기소개서는 '설명하는' 글이 아니라 '보여주는' 글입니다. 무슨 소리일까요? '저는 정직합니다.'를 말하지 말고 정직한 근거를 보여주어야 합니다. 그 사례를 잘 드러내면 입학사정관(면접관)이 "음, 이 녀석 참 정직하군." 하고 평가를 내립니다. 내가 나를 아무리 좋게 평가해도 그것은 관념적 메아리일 뿐입니다. 그들은 말합니다.

"그렇게 말하는 증거를 대 봐."

증거가 왜 중요할까요? 구체적 사례 하나를 보면 그 사람이 어떤 사람인지 어느 정도 파악할 수 있습니다. '하나를 알면 열을 알 수 있다.'는 논리이지요. 그래서 자기소개서 작성의 기본적인 원칙을 소개합니다.

> 자기소개서를 쓸 때 꼭 기억해야 할 것들
> 1) 한 문단에는 하나의 주장이 있어야 하고 중심 문장은 앞부분에 쓴다.
> 2) 주장에는 뒷받침하는 근거가 필요하다.

3) 근거는 구체적인 경험이나 사례를 적을 때 설득력이 높아진다.

4) 사례를 쓸 때는 상황 + 행동 + 결과(성과, 느낌, 깨달은 점, 변화된 점)의 순서로 적는다.

5) 자신의 삶을 진정성 있게 보여준다.

구체적으로 적는 게 뭐야?

자기소개서는 사례 중심으로 적습니다. 사례는 어떻게 적을까요? 구체적으로 적어야 합니다. 그럼 구체적으로 적는다는 것은 무엇일까요?

육하원칙이 나타나 있고, **수치**와 **상황**으로 보여주는 것.

나쁜 예(추상적 표현)	호소력이 좋은 예(구체적 표현)
공부를 열심히 했다.	매일 방과 후 도서관에서 3시간씩 공부를 했다. 수업 내용을 노트에 정리하고, 어려운 내용은 외우고, 알게 될 때까지 질문을 하였다.
성적이 많이 올랐다.	1학기 성적 평균점수가 52점이었는데, 2학기 성적 평균점수는 75점으로 올랐다.
끈기가 있다.	00자격증 시험에 떨어졌지만, 5번의 재도전 끝에 결국 취득하게 되었다.
성실하다.	등교 시간이 1시간 20분이 걸리지만 3년 동안 단 한 번도 지각하지 않았다.
어렸을 때 가난해서 힘들었다.	초등학교 1학년 때 아버지의 사업이 어려워져서, 작은 월세방에서 다섯 식구가 함께 살아야 할 만큼 경제적 형편이 좋지 않았다.

관념적, 추상적인 표현은 객관적으로 측정할 수 없어 사람마다 다른 생각을 하도록 하는 표현입니다.

"열심히 했다고 하는데 하루에 얼마나 공부하였다는 말인가?"

"하루에 4시간씩 공부했습니다."

"하루에 10시간씩 공부했습니다."

같은 '열심히'지만 그 내용이 다릅니다. 그래서 누구라도 짐작할 수 있도록 구체적인 수치를 사용하는 것이 좋습니다. '자주', '많이', '조금' 이런 정도를 나타내는 부사를 가능하면 쓰지 말고 객관화할 수 있는 수치를 사용합니다. '성실', '용기', '리더십', '책임감' 등은 다 관념적인 단어입니다. 그 뜻은 이해가 되지만 '나는 성실하다.'란 주장만 듣고 그 말을 믿어줄 수는 없습니다. 그것을 증명해주는, 혹은 보여줄 수 있는 구체적 수치를 사용합니다.

사례 제시 공식은?

사례를 제시할 때에는 다음 공식에 따릅니다.

사례 = 상황 + 행동 + 결과(성과, 느낌, 변화된 점 등)

예) 하굣길에 탄 버스에서 다리가 불편한 아저씨가 탔는데, 아무도 자리를 양보해 주지 않았다.(상황) + 나도 무거운 짐이 있었지만, 나보다 더 힘든 상황인 그 아저씨에게 자리를 양보해 드렸다.(행동) + 앉아 있는 것보다 마음이 훨씬 편하고, 도움이 될 수 있다는 뿌듯함을 느꼈다.(결과)

학생들은 자소서를 쓸 때 당연히 사례를 넣습니다. 그런데 중언부언하는 경우가 많습니다. 학생들과 일대일 면담을 할 때는 이 공식을 알려주고 묻습니다.

"상황, 행동, 결과 중에 뭐가 제일 중요하겠니?"

"음~"

대부분 정답을 맞힙니다. 정답은 행동? 그렇습니다. 왜일까요? 상황은 내가 어찌할 수 없는 주어진 조건입니다. 그에 비해 행동은 내가 선택하는 요소입니다. 위의 예를 볼까요? 아무도 자리를 양보하지 않는 상황입니다. 그런데 나는 일어서서 양보를 합니다. 양보할 수도 있고 안 할 수도 있는데 말이지요. 결과는 행동에 연유하기 때문에 사실 안 써도 충분히 짐작할 수 있습니다.

자기소개서는 내가 어떤 사람이라는 것을 나의 행동으로 보여주는 글입니다. 당연히 행동 부분을 구체적으로 상세하게 적어야 합니다. 그런데 의외로 학생들의 글에는 상황 설명이 많습니다. 상황을 줄이고 행동을 구체적으로 적도록 하는 것, 자소시 지도의 가장 기본입니다.

> 2학년 때 용접 자격증을 따기 위해 밤 9시까지 남아서 연습을 하였다. 특히 용접에서 수직 자세가 잘 안 되어 몇 번이나 지적을 받았다.(문제상황) 그것을 해결하기 위해 자세를 계속 바꾸어 가며 나에게 맞는 각도를 찾았다. 처음 하는 기계가 차츰 손에 익고 나의 신체 비율에 맞는 자세가 점점 만들어져 갔다. 2주에 걸친 무수한 연습 끝에 드디어 나만의 각도를 제대로 잡을 수 있게 되었다.(행동과 해결) 이후 이 부분은 다른 학생들에게도 많이 가르쳐주었다. 이 일로 스스로 터득하는 것이 가장 빠른 배움이라는 것을 알게 되었다.(결과, 느낌)

위의 예를 보면 어떤 행동을 통해 하나의 결과가 도출됩니다. 결과는 가시적으로 보이는 성적 향상, 자격증 취득, 물질적 보상 같은 것과 그 행동을 통해 새롭게 깨닫게 된 것과 느낀 점으로 나눌 수 있습니다.

그런데 의외로 학생들은 행동을 해 놓고도 그것이 무엇을 의미하는지 잘 파악하지 못합니다. 그것은 행동으로 그치고 그 행동에 대한 성찰을 하지 않았기 때문입니다. 우리는 아주 작은 행동이나 상황에서도 많은 것을 배울 수 있습니다. 꼭 경험이 크고 그 결과가 장대해야만 많이 배우는 것은 아닙니다. 늘 자신의 삶을 돌이켜 생각해 보고 그것에서 크고 작은 배움을 가진다면 사실은 학교와 집만 오고가는 단조로운 삶에서도 큰 깨달음을 얻을 수 있습니다.

질문의 함의를 잘 파악해

대학입시의 자기소개서 중 두 번째 문항입니다.

> 고등학교 재학 기간 중 본인이 의미를 두고 노력했던 교내 활동(3개 이내)을 통해 배우고 느낀 점을 중심으로 기술해 주시기 바랍니다.(띄어쓰기 포함 1,500자 이내)

이 문항을 끊어 읽고, 드러난 표현 안에 있는 입사관의 의도를 찾아볼까요?

드러난 표현	숨겨진 의도
· 고등학교 재학 기간	최근 3년간 너의 행적이 궁금해.(중학교 초등학교는 필요 없어)
· 본인이 의미를 두고	너의 자기주도성과 적극성, 전공 연계성을 보겠다. 학교에서 시켜서 한 것 말고 네가 주체적으로 선택한 것을 말해 봐.

드러난 표현	숨겨진 의도
· 노력한	성실성, 도전 의식, 문제해결 능력, 지속성을 볼 거야. 그냥 한 번 해 본 일회적인 행사는 별 관심 없어.
· 교내 활동	학교의 정상적인 교육과정 안에서 이루어진 활동으로 골라. 학원이나 외부 단체가 한 행사는 빼고 말이야. 왜냐고? 학교에서만 제대로 배워도 충분하니까.
· 3개 이내	이것저것 나열하지 말고 포인트 있는 걸로 골라서 강력하게 보여줘. 그것들이 따로 독립적이지 않고 연계성이 있으면 더 좋겠지.
· 을 통해	활동의 목표, 진행 과정, 결과를 당연히 넣어주고
· 배우고 느낀 점을 중심으로	인식의 확대나 가치관의 변화 혹은 역량의 신장 등을 너 자신만의 고유한 언어로
· 기술해	문맥에 맞게 읽기 편하게 적어 봐.

학생글의 부분을 옮겨봅니다.

저는 농부왕이 될 사나이입니다. 저는 우리 농촌을 과학과 여가가 공존하는 살기 좋은 곳으로 만들고 싶습니다. 이를 위해서 과학적 농사를 지으며 신기술을 개발하는 식물생명공학자인 농부가 되기로 결심했습니다.

저는 직접 농사를 짓고 싶어서 고1 때 농사 자율동아리 '전원일기'를 창설했습니다. 처음에는 화분에 작물을 키우다가 학교의 허락을 받아 텃밭에 본격적인 농사를 시작하였습니다. 30여 품종을 과학 실험과 영농 기술을 도입하여 키웠습니다. 그리하여 공간의 부피에 따라 무순의 성장이 다른 것을 관찰하고, 가설을 세워 반복 실험한 결과 공간의 부피가 클수록 무순의 성장이 촉진되는 것을 밝혀냈으며, 일반 LED로 만든 새로운 조합과 아두이노를 접목해 직접 자동화 LED 식물공장을 만들어 싱싱한 상추를

재배하기도 했습니다.

　품질에 대한 자신감이 있어 수확물을 인근 전통시장에 팔았습니다. 하지만 의외로 팔리지 않아 교내 경제동아리에 요청하여 친환경 생산과정을 보여주는 판촉물을 제작하고, 적당한 가격으로 직거래하거나 지역 거래처와 계약하자 판매는 활기를 띠기 시작했습니다. 덕분에 고2 때 한 해 순이익으로 13만 원을 벌어 다음 해 쓸 투자금을 제외한 10만 원을 지역 어르신들께 기부했습니다.

　텃밭 농사와 판매를 통해 저는 농업과 시장경제를 몸으로 배울 수 있었고 생명과 환경에 대한 책임감도 가지게 되었습니다. 또한 농부로서의 자긍심을 느낄 수 있었습니다.(서00)

"저는 농부왕이 될 사나이입니다."
　멋진 표현이죠? 첫 문장에서 파팡~ 하고 두들깁니다. '농부왕이 될 사나이'라는 말이 두괄식 표현의 좋은 예가 됩니다. 1문단에서는 자신의 비전과 목표를 설명하고, 2문단에서 3문단까지 고등학교 때 자신의 활동을 소개합니다. 당연히 농부왕의 자질을 보여주는 활동이지요. 4문단은 그 활동을 통해 느낀 것과 결과를 적었습니다. 이 학생은 자신이 원하는 학과에 단번에 합격하였습니다.

표현력이 폭발하는 1인 1책쓰기

글쓰기가 아니라 책쓰기

저는 학생들과 책쓰기를 합니다.

책쓰기는 글쓰기와 다릅니다. 책쓰기는 말 그대로 한 권의 책을 쓰는 활동입니다. 책을 볼까요?! 표지가 있고, 프로필이 있고, 서문이 있고 목차가 있습니다. 그 다음에 본문 내용이 나옵니다. 학생들이 책쓰기를 한다는 것은 단순히 글을 쓰는 것으로 그치지 않고 내용을 쓰고, 사진이나 그림을 넣어 편집을 하고, 책 꼴을 갖추어 한 권의 책을 만든다는 것을 의미합니다.

책쓰기가 글쓰기가 다른 점은 주제 선정에서부터 마무리 퇴고까지 전 과정을 학생 스스로 기획하고 구상하고 집필하는 것입니다. 꼭 글로 써야만 하는 것도 아닙니다. 만화나 그림, 사진, 기호로 된 것도 책이 됩니다. 자신이 가장 자신 있는 매체로, 자신만의 이야기를, 자신이 하고 싶은 형식으로 풀어내면 됩니다. 그런 면에서 책쓰기는 '나 들여다보기' 시간입니다. 책쓰기가 무엇인지, 어떻게 하는 것인지 궁금하면 『오만방자

한 책쓰기』(우리교육)³⁾를 보시면 됩니다.

책쓰기 수업은 5년 했습니다. 처음에는 주제 책쓰기를 하다가 자서전 책쓰기로 바꾸었습니다. 1-2년은 많이 힘들었습니다. 3년째 되니 이제 좀 편해지고 학생들도 덜 괴롭히게 되었습니다. 차근차근 단계를 밟아 어느 결에 한 권의 책을 다 쓰도록 17차시에 걸쳐 지도하는 저만의 매뉴얼을 만들 수 있게 되었습니다.

<표현력과 성찰력을 신장시키는 자서전 책쓰기 프로젝트>

차시	학습 요소	구체적인 교수 학습 활동
1	책쓰기 맛보기 수업 방향 및 평가계획 알림	· 학생들이 쓴 자서전을 읽으면서 책쓰기의 필요성과 과정을 이해하도록 함.
2	글감 찾기-과거 (구미호를 잡아라)	· 에피소드 중심으로 과거를 되돌아봄으로써 글감을 찾도록 함.
3	열 줄 쓰기와 발표하기	· 글쓰기에 대한 두려움을 줄이는 열 줄 쓰기를 지도함. · 구체적인 표현을 위한 글쓰기 방법(대화, 묘사)을 이해함.
4	글감 찾기-미래 (구미호를 잡아라)	· 미래의 모습을 상상해 봄으로써 진로 탐색을 하면서 글감을 찾도록 함.
5	장면 단위로 끊어 쓰기와 발표하기	· 주제의 범위를 좁혀 글쓰는 법을 익힘. · 쓰고자 하는 내용의 일관성을 찾아 발표하고 공유함.

---

3) 이금희, 김묘연, 김은숙 공저, 『오만방자한 책쓰기』, 우리교육, 2015.

차시	학습 요소	구체적인 교수 학습 활동
6	책쓰기 추진계획서 작성 및 발표하기	· 책쓰기 주제와 목차 및 콘셉트를 결정하고 함께 공유하기
7~12	생생하게 표현하기 상상하여 표현하기 성찰하여 표현하기	· 표현력을 키울 수 있도록 단계별 글쓰기 지도를 병행함. · 자신의 삶을 성찰하고 감성이 살아 있는 언어로 표현하도록 지도함. · 다양한 매체를 활용하여 표현할 수 있도록 지도함. · 컴퓨터 활용 능력을 키우기 위해 서로 가르치며 협력하도록 함.
13	초고 돌려 읽기	· 초고를 함께 읽으면서 공감 능력을 키우고 글의 통일성을 높임.
14~15	서문, 프로필, 목차, 표지 디자인 완성하기	· 출판을 위한 책의 요소를 알고 직접 만들어 봄. · 책 꼴 갖추기를 통해 책의 형식을 갖춤.
16	퇴고하기	· 내용을 검토하고, 문장 다듬기를 함. · 매체를 활용한 다양한 편집 활동을 경험함. · 추수작 함께 공유하기
17	책쓰기 수업평가	· 자서전 책쓰기 수업을 통해 새롭게 배운 것들과 자신의 변화를 자유롭게 이야기함.

실제로는 17차시가 안 나옵니다. 초고쓰기 시간을 조금 줄이거나 16, 17차시를 합치는 방식으로 유연하게 운영할 수 있습니다.

나에게 공감하는 자서전 책쓰기

『아틀리에』(꿈과희망)[4]는 동문고등학교 학생들과 함께 만든 책입니다. 우리는 열여덟의 아픔과 꿈을 담아 한 권의 책으로 묶었습니다. 전교생이 각자 한 권의 책을 만들고, 그 중 우수작을 모아 이 책을 만들었습니다.

책쓰기는 한 학기 정도 공을 들여야 하는 수업입니다. 프로젝트 수업이 대부분 그렇듯이 책쓰기 수업도 '재미있겠다'고 느끼도록 하는 동기유발과 '할 수 있겠다'는 가능성을 심어주는 것이 정말, 정말, 정말 중요합니다. 1-5차시 정도가 승패를 나눕니다. 그래서 초반에는 쉽고 편하게 시작하고, 이 수업이 정말 가치 있는 것임을 아이들에게 여러 번 말해야 합니다. 단지 성적을 위해서가 아님을 말해주어야 합니다. 성적 내고 변별하기 위해서 굳이 이렇게 힘든 수업 안 해도 됩니다.

책쓰기를 왜 할까요? 자신을 들여다보기 위해 합니다. 왜 책쓰기를 할까요? 표현력을 키워주기 위해서입니다. 교사는 프로젝트 수업을 시작할 때 '왜 이 수업을 하는가?'라는 질문에 나름의 답을 가지고 있어야 합니다. 그래야 학생들에게 자신 있게 '나를 따르라'고 말할 수 있습니다.

저는 문학 수업 중 한 시간을 활용해 책쓰기 수업을 했습니다. 문학

---

4) 이금희 엮음, 『아틀리에』, 꿈과희망, 2018.

수업은 타인의 삶에 대한 이해와 공감 능력을 익히는 시간입니다. 그 공감 능력은 다시 자신의 삶을 공감하고 스스로의 삶에 질문을 던지게 해주지요. 그런 면에서 문학 수업은 '껴안아주기'입니다. 그게 타인이든 자신이든 따스하게 안아주는 경험을 하도록 하는 것이지요. 그래서 책쓰기와 문학의 공통분모를 '공감과 치유'로 잡았습니다.

물론 학생들의 공감 능력은 뛰어납니다. 선입견 없이 순식간에 마음을 열고, 순수하고 정직하게 자신의 손을 내밀며 말랑말랑한 심장의 온기를 건넬 줄 압니다. 그러나 의외로 그런 공감이 쉽지 않은 존재가 있습니다.

"얘들아, 너희와 제일 공감이 안 되는 존재가 누구니?"
"엄마요."
"선생님들요."
"시험과 공감이 안 돼요."
왁자하게 아이들이 웃습니다.
"선생님이 보기에 너희와 제일 공감이 안 되는 사람은 바로 너희 자신인 거 같아. 친구한테는 진심으로 인정과 위로의 말을 건넬 줄 알면서도 정작 가장 잘 알아줘야 할 자신에게는 별로 공감을 안 해주는 거 같아."

제가 곁에서 본 바로는 친구의 아픔에 함께 가슴 아파하고, 낙담한 친구에게는 긍정의 손길을 잘도 내미는 아이들이, 정작 자신에게는 냉엄하고 차갑습니다. 조금의 실수도 용납해주지 않고 자신이 가진 가능성보다는 부족한 점에 매몰되고, 미래 앞에 주눅 들어 있습니다. 친구에게는 진심으로 '현재의 모습 그대로 세상에서 가장 소중하고 귀한 존재는 너'라는 말을 하면서도 정작 자신에게는 잘 건네지 못합니다. 자신에게만 유독 가혹합니다. 왜 그럴까요? 너무 오래 경쟁과 승부에 노출되어 있었기 때문일까요?

"얘들아, 공감하려면 어떻게 해야 하니?"
"이야기를 들어봐야 해요."
"맞아."

그래서 자신의 이야기를 듣는 시간을 갖기로 하였습니다. 바로 '자서전 책쓰기'를 시작한 것이지요. 학생들이 자신을 들여다보고, 객관화하고 나아가 스스로 인정하고 격려하는 수업, 꿈꾸고 상상하는 책쓰기 수업을 시작하였습니다.

자신과 공감하기 위해서는 한두 번의 일회적 활동이 아닌 제법 긴 흐름의 들여다보기 시간이 필요하고, 그 대상은 철저히 '자신'이어야 합니다. 시인 윤동주가 그의 「자화상」에서 말하였듯이.

산모퉁이를 돌아 논가 외딴 우물을 홀로 찾아가선
가만히 들여다봅니다.[5]

자신을 만나려면 번잡한 일상의 마을을 벗어나 '산모퉁이를 돌아 논가'에 있는 '외딴 우물'을 찾아가야 합니다. 그 여행은 철저히 '홀로 찾아가'는 것이고 가서도 '가만히' 들여다보아야 합니다. 그 우물에 달과 구름과 하늘이 보이다가 드디어 '한 사나이'가 나타날 때까지 홀로 가만히 들여다보아야 합니다.

청년 윤동주처럼 학생들은 한 학기 동안 컴퓨터를 우물 삼아 자신의 이야기에 귀를 기울였습니다. 우물가에서 맴돌던 아이들도 어느덧 누군가와 만나 토닥토닥 어깨를 어루만지고, 미래의 낯익은 누군가를 만나 보조개 지으며 웃기 시작했습니다. 수업 시간 내내 시간의 돌다리를 두드

---

5) 윤동주의 「자화상」은 1948년 정리한 『하늘과 별과 바람과 시』 초간본에 실렸다.

리는 자판 소리가 고요하게 이어졌습니다.

표현의 두려움을 없애주는 책쓰기

학생들의 쓰기 능력을 키워주려면 오래, 많이 쓰도록 해야 합니다. 많이 쓰게 하려면 쓰는 것이 쉬워야 합니다. 그래서 자서전을 쓰게 했습니다. 비교하지 않아도 되고, 따로 자료를 찾지 않아도 되니까요. 무조건 많이, 꾸준히 쓰도록 합니다. 최소한의 기준만 제시하고 편하게 시작하도록 합니다.

열 줄이면 돼, 이미지로 페이지를 채워도 돼.
대신 검열하지 말고 그냥 막 써-.
떠오르는 것이면 과거든 미래든 그냥 쏟아내듯 적어 봐~.

표현하는 것은 어렵습니다. 글은 누구나 쓰기 힘듭니다. 대문호도 글쓰기가 힘듭니다. 힘들기 때문에 한 발 한 발 나아갈 수 있게 선생님이 계단을 마련해 주어야 합니다. 그러면서 아이들이 두려워하는 것을 스스로 이겨내도록 지도해야 합니다.

무엇을 두려워할까요? 자신을 드러내는 것이 두렵습니다. 욕심 많고 게으르고 계획 없고 이기적인 자신을 남들에게 들키는 것이 두렵습니다. 하지만 세상에 그렇지 않은 사람이 얼마나 있을까요? '넌 다르지 않아. 너는 아무 문제가 없어.'

자서전을 쓰라 하면 꼭 이렇게 말하는 아이가 있습니다.

"샘, 제 글을 다른 아이가 보는 게 싫어요."

"그렇구나. 그럼 이렇게 하면 어떨까? 샘만 볼 수 있도록 암호를 걸어. 나도 전혀 읽은 티를 안 낼게."

수업 시간에 수행평가로 이루어지는 책쓰기다 보니 충분히 걱정이 되겠지요. 그런데 놀라워라. 암호를 걸었던 모든 학생들이 책으로 묶는 것을 허용했습니다.

"저만 그런 줄 알았는데요. 그게 아닌가 봐요. 다른 친구들 글 보며 제가 아무 문제가 없다는 걸 알게 되었어요."

"그럼, 아무 문제없지. 네가 멋진 사람이란 걸 빨리 알아주어 내가 고맙다."

자서전 책은 신국판으로 24 페이지 분량으로 씁니다. 학생들로서는 처음으로 긴 글쓰기를 한 셈입니다. 한 학기 동안 오롯이 '나'만 생각하며 쓴 책입니다. 처음에는 술술 씁니다. 중반쯤 되면 쓸 거리가 없어집니다. 이때부터 힘이 듭니다. 그때 다시 이야기해 줍니다.

"글은 잘 쓰는 거 아니야. 막 쓰는 거야."

글쓰기를 두려워하는 사람들은 자신이 글을 못 쓴다고 생각합니다. 우리가 교과서에서 배운 것들은 글을 아주 잘 쓰는 사람들이 수없이 퇴고하여 완성한 걸작들이니 자신이 쓴 초고가 너무 초라해 보입니다. 하지만 세상의 모든 초고는 허접합니다. 부족합니다. 말도 안 됩니다. 상대의 완성본과 자신의 초고를 비교하는 건 바보 같은 일입니다.

초고의 생명은 막 쏟아내는 것이고 끝을 내는 것입니다. 끝까지 써 봐야 글이 어디로 가는지 알게 됩니다. 고쳐 쓰기는 초고를 완성한 이후에 해야 합니다. 한 문장 쓰고 고치고, 한 문장 쓰고 또 고치고, 그렇게 해서는 끝내 글을 쓰지 못합니다. 그냥 막 씁니다. 맞춤법, 띄어쓰기, 문맥? 그런 거 모릅니다. 쓰다가 생각이 안 나면 뛰어 넘고 생각나는 것부터 씁니다. 꾸준히 원고량을 채우는 마음으로 막 써야 합니다.

그런데 그 과정을 아이들이 다 해냅니다. 정말 수업하고는 담 쌓은 아이들도 거의 합니다. 별명이 '오분만'인 여학생이 있었습니다. 수업 시작해서 5분 지나면 어김없이 엎드려 자는 학생입니다. 공부에 관심이 없어서이기도 하지만 이 학생은 춤을 추고 싶어 합니다. 밤마다 춤 연습하고 새로운 안무를 구상하느라 온 힘을 다 쓰기 때문에 수업 시간에 죽은 듯이 잡니다. 그런데 이 '오분만' 학생도 책쓰기 시간에는 자지 않습니다. 자신이 어떻게 춤을 만났는지, 어떤 춤을 추고 있는지 앞으로 어떤 춤을 출 것인지 삼십 페이지 넘게 정성 들여 자서전을 완성하였습니다. 학생들이 후기에 가장 많이 쓴 내용은 다음과 같습니다.

- 내 인생에 대해 이렇게 오래, 집요하게 생각해 본 적이 없었다.
- '나'와 '내 인생'이 자랑스러워졌다.
- 글쓰기에 대한 두려움이 많이 사라졌다.

자신의 언어가 살아나는 주체적인 표현

자서전이지만 나의 경험을 나열한다기보다는 내가 그 당시 느꼈던 감정과 정서에 대해서 초점을 맞추려고 노력했다. 내가 경험한 것들을 바탕으로 쓰다 보니 내가 얼마나 빡빡하게 살아왔는지 새삼 깨달았다. 물론 학업에 열중한다거나 다른 작업을 열심히 하기도 하지만 그런 것들보다는 그냥 나 스스로가 자신을 빡빡하게 만들어 온 것 같았다. 그럴 필요도 없었는데, 그러지 않아도 충분히 잘할 수 있고 열심히 하는 것인데도 내 속에 언젠가부터 이름 모를 불안감이 존재해왔던 것 같다. 글을 쓰면서 이런 불안감들을 글에 실어 토해낸 것 같다. 최대한 글을 나답게 쓰려고 노력했다. 내 글에 내가 아닌 언어가 없도록 나에게 최대한 거짓 없이 진솔하려 노력했다. (윤OO)

책쓰기는 소논문 쓰기나 문학 작품 쓰기와는 다릅니다. 형식은 다양하게 할 수 있지만 오롯이 '나'만 바라보고 '나와 대화'하며 써야 합니다. 저는 이 지점이 표현력을 키우는 가장 중요한 포인트라고 생각합니다.

글은 잘 쓰는 게 아니라 막 쓰는 거야.

형식 신경 쓰지 말고 네 이야기를 써,

위의 학생이 소감에서 말한 것처럼 '최대한 글을 나답게 쓰려고 노력'하고 '내 글에 내가 아닌 언어가 없도록 나에게 최대한 거짓 없이 진솔하려 노력'하는 자세, 이것이 주체적인 표현의 가장 핵심이라 생각합니다. 언어의 주인만이 이런 표현을 할 수 있습니다.

자신의 언어를 사용하는 주체적인 표현, 이것이 우리 국어 교육이 지향해야 할 표현 수업의 핵심이라고 생각합니다. 학생들에게 글의 구성과 형식을 가르치는 것으로는 표현력을 키우기가 어렵습니다. 형식은 언제든 바뀔 수 있습니다. 형식에는 맞으나 죽은 글, 마치 수술은 성공적이나 환자는 죽었다는 말과 같지 않나요?

표현력은 그냥 글 쓰는 기능이 아닙니다. 삶을 들여다보고 자신을 인생을 드러내는 기능입니다. 그래서 책쓰기 수업을 하는 내내 선생님은 학생들에게 말해 주셔야 합니다.

편하게 써.

네 이야기를 써.

누구의 눈치도 보지 말고 막 써.

많이 써.

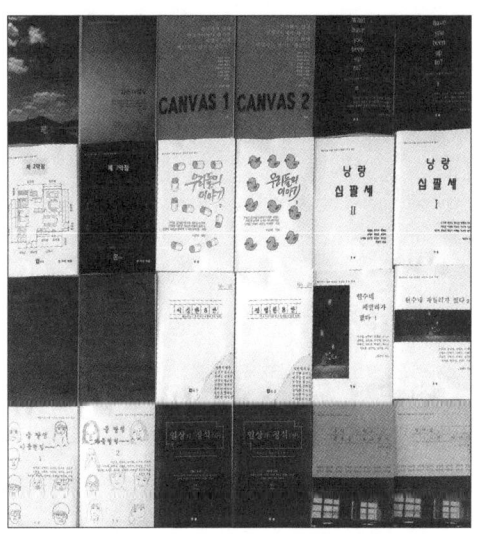

2017년 동문고 자서전 책쓰기 결과물 24권의 표지

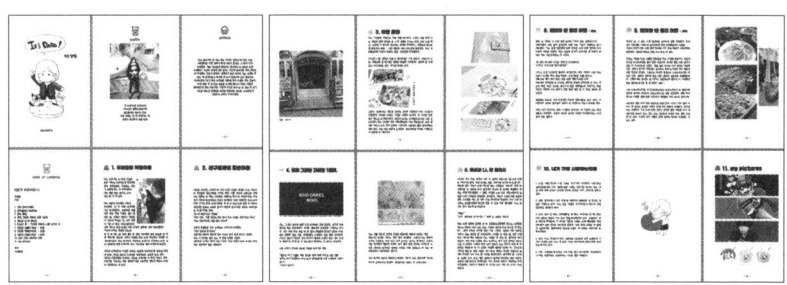

〈자서전 책쓰기 학생 결과물〉

6장
읽기의 편견을 넘어 새로운 읽기 지도로

우리 애는 책을 싫어해요. 그럴까요?

처음으로 다 읽었어요

독서를 좋아하지 않는 사람들도 제법 많습니다. 아니 독서를 하지 않는 사람들이 많다고 해야겠지요. 독서를 하지 않는 사람들은 책을 싫어하는 걸까요? 책을 좋아하는 것도 타고난 성향일까요? 아니면 환경에 의해 만들어진 것일까요? 그 질문에 답하기 위해 제가 만난 학생 이야기를 해 보겠습니다.

M군은 공고 2학년이었습니다. 선량한 미소를 가진 학생이었죠. 말을 할 때는 상대방을 살짝 어긋나게 바라보았고, 말끝은 대부분 혀 속으로 감겨 들어가 잘 들리지 않았습니다. 그 나이 남학생 대부분이 그렇듯이 책은 안 읽었습니다. 주로 게임을 하고 간혹 멍한 자세로 창밖을 내다보곤 했지요. 그리 특별나 보이지 않았습니다.

그러던 어느 날, 사서 선생님 앞에 M군이 서 있었습니다. 책을 반납하려는 것입니다. 책을 건네주고도 자리를 뜨지 않고 멈칫멈칫하는 것이 무언가 할 말이 있나 보네요.

"샘~"

사서 선생님이 컴퓨터 화면에 붙어있는 시선을 떼어 학생에게로 옮겼습니다.

"저 이 책 다 봤어요."

"오, 그랬어? 재미있었니?"

"네, 재미있었어요. 근데요."

학생이 주저주저합니다. 사서 선생님은 손에 쥔 공문서를 내려놓으며 학생을 바라봅니다.

"샘, 저 태어나서 이렇게 줄글로 된 책, 다 읽은 건 이번이 처음이에요."

"그랬구나. 정말 대단하구나. 축하한다."

사서 선생님은 진심으로 기뻤습니다. 도서실에서 만화책만 보던 M군에게 줄글로 된 청소년 소설을 권한 사람이 자신이었기 때문이지요. M군은 이후로도 줄글로만 된 책, 만화나 그림이 전혀 없는 글자로만 된 책을 꾸준히 빌려가고 다시 반납했습니다. 12월이 되었습니다. 도서실로 들어오는 M군의 손에는 두 권의 책이 들려 있었습니다.

"다 읽었습니다."

"잘했어. 근데 네가 올 한 해 몇 권이나 읽었는지 혹시 아니?"

"아뇨."

사서 선생님은 도서 대여기록을 보여줍니다. 총 60권입니다. 줄글로 된 책으로만 총 60권의 책을 읽은 것이지요. 그때 도서실에서 책을 구경하던 저는 두 사람의 대화 장면에 자연스럽게 끌려가게 되었습니다. 수업 시간에 만나던 학생이기도 했지만 일 년 동안 60권을 읽은 사람을 만나면 누구인들 참견을 하고 싶지 않겠어요?

"저 말야, 책을 많이 읽고 나니 뭐가 달라진 것 같니?"

국어 선생 아니랄까 봐 저는 그게 궁금했습니다. M군은 잠시 망설이다 이렇게 말했습니다.

"제가 좀 더 멋있어진 거 같아요."

제가 좀 더 멋있어진 거 같아요.

세상에 이렇게 빼어난 말이 있다니요? 저는 그때 솔직히 감동 먹었습니다. 정말 M군이 멋져 보였습니다. M군은 졸업을 했고, 전공과 관련된 직장을 구했습니다. 아마 기계를 만지며 하루를 보내고 있겠지요. 지금도 책을 볼까요? 궁금하네요.

고2가 되도록 끝까지 읽어본 책이 단 한 권도 없는 학생이 줄글로 된 책 60권을 읽는 변화의 시발점은 어디일까요? 책을 골라 준 사서 선생님이 있군요. 사서 선생님은 책을 골라주기도 했고, 읽고 난 뒤의 감정을 잘 수용해 주었습니다. 아마 M군은 사랑하고 싶었을 거예요. 그 마음을 받아주고 새로운 책으로 격려해 주었지요. 대부분 그렇듯이 변화의 주위에는 그것을 격려하고 칭찬하는 사람이 있습니다.

그럼 좀 더 시간의 테이프를 과거로 돌려 볼까요? M군은 왜 고2가 되도록 한 권의 책도 안 읽는 아이였을까요? 만화책도 휘리릭 대충 보고 책이라고 하는 것을 거들떠보지 않게 된 것은 무엇 때문일까요? 원래 책을 안 좋아하는 아이였을까요?

이 질문에는 정답이 없습니다. 하지만 M군의 사례에서 볼 수 있듯이 누구라도 어떤 기회나 자극이 주어지면 책을 좋아하게 되고 책을 잘 읽게 된다고, 저는 생각합니다.

누구나 읽기를 좋아해요

제가 보기에 모든 아이들은 책을 좋아하고 책 읽기를 좋아합니다. 아니 책뿐만 아니라 새로운 세상에 별로 겁이 없습니다. 낯선 자극과 상황 앞에서 겁을 안 냅니다. 뭐든 입으로 확인하고 올라가보고 만져보고 해보고자 합니다. 누구보다 도전적이고 용감하지요. 글자도 아이들에게는 놀라운 장난감입니다. 처음 글자를 배우는 아이들이 자신의 이름과 같은 글자가 나오면 자지러지듯이 좋아하며 글자를 확인합니다. 글자를 익힌다는 것은 이미지로 이루어진 세상이 한 차원 더 커지는 경이로운 일일 겁니다. 그래서 아이들은 글자를 좋아하고 책을 좋아합니다.

책은 글자를 익히기 전부터 대부분 좋아합니다. 누군가가 들려주는 이야기에 아이들은 금방 몰입하지요. 소리만으로도 충분히 책 속으로 여행을 할 수 있으니까요. 잠자기 전 동화책을 읽어주다 보면 아이들은 더 말똥말똥해지고 읽어주는 엄마가 먼저 잠이 들고…

우리 애는 책을 안 좋아해요.

그럴까요? 제가 보기에 모든 아이들은 책을 좋아하고 책 읽기를 좋아합니다. 그렇게 믿고 있습니다. 저의 국어 수업과 읽기 지도는 이 토대 위에 있습니다.

아이들은 책을 읽으며 무엇을 배울까요?

만화책 보면 화를 내요

"우리 엄마는요. 책 읽으라 해 놓고 제가 만화책을 보면 화를 내요."
"제가 읽고 싶은 책은 못 읽게 하고 선생님이 좋은 책이라며 주시는데요. 근데 그런 책은 정말 읽기 싫거든요."
"아놔, 책 좀 보겠다고 하는데, 간만에 책을 좀 보겠다는데 왜 그리 참견이 많냐고요."
학생들이 아우성입니다.
그럼 선생님들은 어떻게 말할까요?
"저도 학생이 책을 고르게 하고 싶어요. 그런데 그냥 맡겨 놓으면 정말 수준(?) 이하의 책을 가져와요. 명색이 고등학생인데 초등학생 수준의 만화책을 가져오는 아이도 있어요. 그걸 보고 그냥 읽으라고 할 수는 없잖아요."
"이왕 시간 내서 읽을 거 좋은 책을 읽었으면 좋겠어요. 그냥 취미로 읽는 것도 아니고 수업 시간에 같이 읽을 건데 교육적 효과가 있는 걸로 읽히고 싶어요."

이럴 때는 황희 정승 전법을 써야 할까요? 네 말도 옳다. 아니 네 말도 옳다. 둘 다 충분히 그렇게 말하는 근거가 있습니다. 상대의 말에 무조건 어깃장을 내는 주장이 아닌 것은 분명합니다. 하지만 그렇게 양시론에 빠져서는 한 발짝도 나아갈 수 없습니다. 누군가 달리 생각해야 합니다. 누굴까요? 당연히 선생님이고 부모님입니다.

한때 아이들이 엄청 빠졌던 만화책이 있습니다. 제목도 끝내주는 『마법 천자문』은 기본 한자를 익힐 수 있도록 아이들이 좋아하는 만화로 그려져 있습니다. 저도 당연히 엄마의 마음으로 그 책이 나올 때마다 사 주었습니다. 딸이 아주 좋아했거든요. 그 책을 사 주면서 저는 속셈이 있었습니다. '저렇게 자주 들여다보는데 기본 한자 정도는 익히겠지.'

결과는???? 참혹했습니다.

아이는 정말 기본 중의 기본 물 수(水)도 몰랐습니다. 불 화(火), 나무 목(木), 흙 토(土)… 아무 것도 모르더군요. 제 딸만 그런가 했더니 다른 엄마들도 비슷비슷하더군요. 속았습니다. 그때 저는 궁금했습니다. 저렇게 재미있게 닳도록 보았는데 그렇다면 우리 아이는 무엇을 배웠을까?

"이 책을 보면서 뭘 배웠어?"

"으으음, 그냥 뭐."

아이는 대충 얼버무립니다. 당연하지요. 초등학교 저학년 아이가 책에서 무엇을 배웠는지 명료하게 어떻게 답을 하겠어요? 아이가

"난 물 수(水)를 배웠어."

라고 대답했다면 저는 기분이 좋았겠지요. 결국 아이가 무엇을 배우고 느꼈는지 묻는 것이 아니라 답을 정해 놓고 묻는 질문입니다. 정답은 엄마의 기준입니다. 엄마가 원하는 답이 아니면 그것은 배운 것이 아니지

요. 아니라고 판단해 버리는 것이지요.

정말 많이 배운답니다

다시 질문을 해 봅시다. 아이는 그 책을 통해 무엇을 배웠을까요?

정말 많이 배웠을 겁니다. 한자를 구분하는 법을 배우지는 않았지만 그 책에 나오는 무수한 단어들을 어느 결에 배웠겠지요. 어떤 상황에 놓였을 때 취해야 하는 대처법을 배웠을 것이고, 책을 읽는 것이 재미있다는 것을 배웠을 것이고, 한 권을 다 읽었을 때의 통쾌함을 배웠을 것이고, 친구들과 『마법 천자문』에 나오는 주인공 이야기를 하는 즐거움을 배웠을 것입니다.

어찌 그것을 다 이루 말로 표현할 수 있을까요? 새 책을 받았을 때의 기대감, 책을 넘기는 까슬한 감촉, 색감들이 주는 다양한 느낌, 이야기가 주는 아슬아슬함, 책을 읽다 고개 들어 바라본 저녁 하늘의 포근함, 책을 넘기면서 맛보았던 귤 맛, 아 이렇게 적다 보면 한도 끝도 없겠지요.

그런데 부모는 '아이가 책을 읽고도 하나도 배운 것이 없다.'고 말합니다. 얼마나 무서운 선입견인지요? 내가 원하는 것만 봐! 부모들의 독서법은 이런 식으로 폭력적입니다. 그리곤

"이럴 거면 다신 책 안 사 준다아~."

협박을 합니다. 내가 돈 내고 사 준 책이니 너는 내가 원하는 것을 읽고 내가 정해 놓은 것을 배워라.

이런 협박과 폭력 앞에서 아이들은 전혀 대응을 할 수 없습니다. 자신이 배우고 느낀 것을 말로 표현할 수가 없습니다. 왜냐면 그것이 무엇인

지 자신도 잘 모르기 때문입니다. 다만 당혹스럽지요. 난 재밌게 읽었는데 엄마는 왜 저렇게 화를 내지? 내가 뭘 잘못했을까? 나는 엄마가 원하는 것을 전혀 해주지 못하는 나쁜 아이인가 봐. 내가 바보인가?

이런 경험이 쌓이면 아이는 슬슬 책을 기피합니다. 책을 읽어도 누군가를 만족시키지 못한다는 것을 알게 되고, 부족한 자신을 확인하는 것만 되니까요. 굳이 혼날 일을 할 필요가 뭐가 있습니까? 안 보면 잔소리도 안 듣게 되는데 말이지요. 그러고 보니 책 안 읽는 아이, 우리가 꾸준히 만들고 있네요.

왜 교과서 외의 책을 읽어야 할까요?

학생들 책 많이 보고 있잖아요

학생들에게 물었습니다.
"여러분은 요즘 독서를 하고 있나요?"
학생들이 대답합니다.
"책 읽을 시간이 없어요. 시험 공부하기 바빠요. 시간이 나도 책은 읽고 싶지 않아요."
저는 의아해합니다.
"내가 보기에 여러분은 정말 열심히 독서를 하고 있는데요."
"……"
"여러분은 하루에 대여섯 권의 책을 읽고 있잖아요. 그런데 왜 독서를 안 한다고 해요?"
그러자 학생들이 웃습니다.
"샘, 그건 독서가 아니고요. 교과서잖아요. 아이 참."
"교과서 읽는 것은 독서가 아닌가요? 그럼 뭘 읽어야 독서가 되는 건가요?"

"문학 작품이나 일반 책 같은 거요. 서점에서 파는 거 있잖아요. 도서실에도 있고."

여러분은 어떻게 생각하시나요?

교과서 읽는 것은 독서가 아닌가요? 아니라고 생각하신다면 '독서의 정의'를 한 번 다시 말해 주세요. 만약 망설여지면 독서를 통해 우리가 무엇을 얻고자 하는지 생각해 보면 됩니다.

우리는 독서를 통해 주로 새로운 지식을 얻습니다. 또한 삶에 대한 안목과 통찰력, 즉 지혜를 얻습니다. 지식과 지혜는 독서의 두 가지 열매라 할 수 있습니다. 그럼 교과서는 어떤가요? 교과서는 우리 시대의 가장 필수적인 지식과 지혜를 담아 놓은 좋은 책입니다. 학생들을 그것을 통해 지식과 지혜를 얻습니다.(시험 보기 위해 보는 것이라고요? 행위의 요인은 잠시 제쳐 두고 그 효용만 생각해 보세요.) 대다수의 독서가 새로운 지식을 얻는 목적으로 행해진다는 것을 염두에 두면 중고등학생은 정말 열심히 독서를 하고 있다고 봐야 합니다. 학생들이 국·영·수·사·과·음·미·체·정보 등의 교과서만 읽어도 엄청난 독서를 하고 있는 셈입니다.

와우^^ 우리가 그렇게 많은 독서를 하고 있었다니.

그럼 여러분, 이제 책 읽기에 대한 부담감 갖지 마시고 교과서 독서로 충분히 당당해지세요. 오늘의 독서 강의 끝.

무언가 찝찝하신가요? 교과서 독서로 충분하다는 말에 반대하고 싶은가요? 그럼 질문합니다.

왜 교과서 외의 책을 읽어야 한다고 생각하나요?

"교과서만으로는 부족해요."

"교과서는 너무 포괄적이고 단순화시켜 대상을 제대로 알 수 없어요. 그래서 재미가 없지요. 다른 책을 읽으면 대상에 대해 훨씬 구체적으로 이해할 수 있어요."

"또 더 깊이 알 수 있지요. 제대로 알 수 있고요."

정말 중요한 키워드가 두 개 나왔습니다. 교과서만으로 채울 수 없는 두 가지, '재미'와 '깊이'입니다.

대한민국의 대다수 학생이 공부를 좋아하지 않습니다. 앎을 위해서가 아니라 시험을 위해 공부하기 때문이지요. 하지만 공부는 무척 재미있는 것입니다. 알아가는 재미와 더 알아가는 재미가 계속 있으니까요. 그런 거 경험한 적 없다고요? 음.(하지만 아닐 거예요. 분명 있을 거예요.) 학교 공부가 재미없는 이유는 과목이 많아서는 아닐 겁니다. 시험으로 줄을 세우기 때문만도 아닐 겁니다. 그럼 무엇일까요? 바로 내가 선택하지 않은 것을 강제로 해야 하기 때문이지요. 과목도 내가 고르고, 교과서도 내가 고르고, 공부하는 방법도 내가 고른다면 아마 공부가 무진장 재미있을 겁니다.

어쨌든 중고등학생은 교과서 독서를 아주 많이 하고 있습니다. 그런데 왜 또 다른 독서를 하라는 것일까요? 왜 교과서 독서만으로는 안 될까요?

교과서에는 하나의 답만 있기 때문입니다. 하나의 생각만 있기 때문이지요. 교과서는 출판사마다 조금씩 다르긴 해도 기본적으로 그 시대에서 가장 보편적으로 통용되는 지식들을 담고 있습니다.(그것이 옳으냐 그르

냐는 별도의 문제입니다.) 분량과 시간 때문에 다양한 의견이나 정보를 담을 수 없습니다. 그래서 학교에서 공부한 학생들의 머릿속에는 거의 비슷한 정보와 의견들만 들어있게 됩니다. 판박이가 되는 거지요.

잘 나가는 엔터테인먼트 CEO인 박진영 씨는 "이제 창조적인 아이들을 찾으려면 교도소에 가야할 거 같다."라는 말을 했습니다. 나름 예술을 하고 연예인이 되겠다고 찾아오는 아이들의 뇌 구조가 너무나 천편일률적이어서 실망하면서 한 말이라고 합니다. 과장된 면은 있지만 말하고자 하는 바는 충분히 전달됩니다.

교과서 공부는 재미가 없습니다. 재미만 없는 것이 아니라 종종 위험합니다. 교과서의 지식은 세상의 많은 지식의 일부분일 뿐인데 마치 그것이 전체인 것처럼 배우게 되니 위험해집니다. 하나의 잣대로 그 많은 사람을 평가하다 보니 좌절하는 아이, 저항하는 아이, 아예 줄 밖으로 나가는 아이들이 생깁니다.(사실 줄이란 것 자체가 없는데 말이죠.)

교과서로 배운 지식은 힘이 셉니다. 왜일까요? 한 번 보고 덮은 것이 아니라 여러 번 읽고 외우고 이해하려 애쓴 것들이기 때문입니다. 일 년에 4번씩 시험을 치며 확인을 당합니다. 아무리 감명 깊은 영화도 한 번만 보면 대부분 잊힙니다. 하지만 별 내용이 없는 영화도 여러 번 반복해서 보면 더 많이 기억됩니다. 나중에는 반복해서 본 기억들이 더 커져갑니다. 그것이 자신의 의지와 상관없이 단단한 인식층으로 굳어갑니다. 그렇게 주입된 기억과 정보들이 어느 결에 내 생각과 관점이 되어 주인 노릇을 하게 됩니다.

교과서 독서만 한 학생은 교과서 지식을 주인으로 모십니다. 그리고 그런 학생이 시험을 잘 보고 대학을 잘 가고 취업을 잘합니다. 자신이 알고 있는 지식의 효용성을 톡톡히 보게 되니 그 틀에서 벗어날 수가 없습니다. 자연스럽게 하나의 관점 속에 자신을 가두게 됩니다. 세상의 다양한 사람들을 알지 못하고 다양한 입장을 이해하지 못하고 다양한 질문을 만나지 못합니다. 그런 사람을 우리는 '독선적'이라 말하고 그런 사람들이 장악한 권력이나 조직을 '독재'라고 부릅니다.

왜 교과서 외의 독서가 필요할까요?
독선과 아집에 빠지지 않기 위해서입니다.

왜 교과서 외의 독서가 필요할까요?
자유로울 수 있기 때문입니다.

사람들은 누구나 자신만의 인식 체계를 가지고 있습니다. 그런데 자세히 들여다보면 그 인식 체계 즉 사고의 틀은 원래 내 것이 아니라 내가 살면서 내 것인 양 믿고 사는 것들이 대부분입니다. '여자는 이러이러해야 한다. 선생은 이래야 한다. 학생은 자고로 이렇게 해야 한다.' 등등의 당위성 발언의 대다수는 사회가 만들어 놓은 아니 특정 시기에 듣거나 배운 남의 틀인 경우가 대부분입니다. 진심으로 '이 말이 맞나? 진정 그러한가?'라는 질문 끝에 스스로 얻은 답이 아닙니다. 우리는 대부분 내 것도 아닌 남의 틀 속에 갇혀 그것이 세상의 전부인 양 혹은 절대 바뀔 수 없는 진리인 양 믿고 살아갑니다.

남들이 만들어 놓은 규범과 체제, 제도, 인식들은 필연적으로 나와 다투게 됩니다. 남이 내 집에 와서 주인 노릇을 하는데 어찌 갈등이 없겠습니까? 그런데 이런 갈등은 혼자서는 해결이 안 됩니다. 이미 견고한 틀이 내 것처럼 주인행세를 하고 있기 때문입니다.

그러면 어떻게 이 틀에서 벗어날 수 있을까요? 이 틀을 틀로 인식하는 수밖에 없습니다. 그런 인식의 힘을 주는 것이 독서입니다. 박노해 시인은 「행복은 비교를 모른다」라는 시에서 아래와 같이 노래합니다.

> 나의 행복은 비교를 모르는 것
> 나의 불행은 남과 비교하는 것(중략).
>
> 나의 행복은 하나뿐인 잣대에서 자유로워지는 것
> 나의 불행은 세상의 칭찬과 비난에 울고 웃는 것[6]

80년대 노동운동가였던 박노해 시인이 전 세계를 여행하며 체득한 행복에 대한 작은 메시지죠. 하나뿐인 잣대에서 자유로워지는 방법은 세상에 많은 잣대가 있음을 아는 것입니다.

내 것이 내 것이 아니라는 것과 내 것이 유일한 것이 아니라는 것을 알아차릴 때 우리는 자유로울 수 있습니다. 세상의 칭찬과 비난에 흔들리지 않고, 자본의 탐욕스러운 질주 안에서도 천천히 호흡하고 여유 있게 걷는 내공, 그것이 자유의 힘이겠지요.

독서가 그 내공을 키웁니다. 그런 의미에서 독서는 단기 완성이나 고액 과외로 할 수 있는 공부가 아닙니다. 평생에 걸쳐 자기 스스로 찾아가는 공부이자, 자신의 존재를 확인하는 행복을 맛보는 흥겨운 놀이입니다.

그럼 책 선정은 누가 하나요?

책 선정은 당연히 아이가 스스로 해야 합니다. 아이들이 바른 선택을

---

6) 박노해, 「행복은 비교를 모른다」, 『그러니 그대 사라지지 말아라』, 느린 걸음, 2010.

하지 못할 것이란 두려움을 보이면 안 됩니다. 바르다는 것의 기준이 없기 때문입니다. 교사나 부모는 선택을 위한 몇 개의 기준을 제시하면 됩니다.

내가 읽고 싶은 것인가
주어진 기간 안에 읽을 수 있는가
정말 나에게 필요한 것을 주는 책인가
내가 도전할 만한 책인가
시간과 돈을 투자할 만한 책인가

이 중 하나라도 '예'라는 답이 나온다면 충분히 그 책을 선정할 수 있습니다. 설마 이 모든 질문에 다 '예'를 요구하지는 않겠지요? 그런 명약 같은 책은 없습니다. 인생 한 방처럼 대박 나는 책을 찾도록 해서는 안 됩니다. 대신 책을 고를 수 있는 시간을 넉넉하게 주는 것이 필요합니다.
부모가 골라주는 책은 '부모가 보기에 좋은' 책인 경우가 많습니다. 저도 이런 실수를 많이 했습니다. 제가 읽고 정말 감명 받은 책, 이 감동을 어찌 혼자 누리겠습니까? 주변 사람들에게 부흥의 기쁨을 전파하고 싶습니다. 특히 아끼는 자식에게 더 주고 싶습니다. 그래서 책을 건넵니다. 아이가 책을 읽을 상황인지 어떤 기분 상태인지도 전혀 묻지도 따지지도 않고 던지는 것이지요.
"이 책 내가 읽어봤는데, 너무 좋아. 너도 읽어 볼래?"
왜 좋은지, 내용이 어떤지는 밝히지 않습니다. 아이가 누릴 짜릿함을 빼앗으면 안 되니까요. 나름 배려하고 신경 썼는데(청유형 같은 명령형의 문장이지만) 결과는 실패입니다.
"그 책 별로야."

쩝. 혹은 아예 읽지도 않습니다. 무엇이 문제일까요? 말을 잘못했나? 아닙니다. 책 읽을 사람에 대해 '묻지도 따지지도 않고' 내 의견을 강요한 것이 잘못입니다. 아니 그런 것까지 신경 쓰면서 읽게 해야 하나요? 그럼요. 당연히 신경 써야 합니다. 우리는 독서가 아니라 독서 지도를 말하고 있으니까요.

정말 책을 골라주고 싶으면 협상을 하세요. 특히 초등학생에게는 이게 잘 먹힙니다. 아이가 읽고 싶은 책 2권을 고르게 하고 부모가 읽히고 싶은 책을 한 권 넣는 것이지요. 2대 1이잖아요. 아이는 마지못한 척 받아주기로 합니다. 조금 아량을 베풀기로 마음을 먹지요. '그래, 좋으니까 권하는 거 아니겠어? 읽어 보지 뭐.' 인정을 받을 때 남을 인정하고픈 마음이 듭니다.

중고생은 '자기가 읽고 싶은 것'을 읽게 합니다. 너무 수준에 낮은 책을 고른다고요? 그게 그 학생의 독서 수준일 수 있습니다. 그럼 그 단계에서 시작하는 것이 맞습니다. 수준이 높은데 쉬운 책을 골랐나요? 왜 그럴까 학생 입장에서 생각해 보아야 합니다. 학생들은 책 읽기를 과제로 인식하면 쉬운 것을 택합니다. 예를 들어 책 읽고 독후감 한 편 써 내는 것이 숙제라면 굳이 시간 많이 들고 어려운 것을 고를 필요가 없지요. 그냥 독후감만 내면 되는데 말이지요. 아니 안 읽어도 되지요. 검색해서 베껴내면 되니까요. 그 정도 판단할 요량은 이미 학생들 다 가지고 있습니다. 인생을 사는 나름의 지혜지요.

"학생들 수준에 맞는 책, 조금 쉬운 책, 조금 어려운 책을 섞어 제시하면 되지 않을까요?"

누가 기준인가요? 예를 들어 동물에 관심이 많은 학생에게는 전문적인 동물 관련 책도 쉽게 느껴집니다. 일반적인 학생들이 느끼는 난이도를 어떻게 잴 수 있을까요? 소설책을 전혀 안 읽는 이과생의 경우 쉽다고 해도 책이 안 읽힙니다. 쉽고 어렵고는 사실은 학생의 관심사와 그간의 익힘 정도로만 구분할 수 있습니다. 학생마다 다르지요. 이런 잣대를 들이대는 것 자체가 독서의 즐거움을 이미 빼앗아 버립니다.

"한 권을 모두 같이 읽도록 하면 되지 않을까요?"

당연히 됩니다. 교사가 어떤 목표를 가지고 읽히느냐에 따라 다양한 수업이 가능합니다. 독서가 개인의 영역이라면 독서 지도는 분명한 교육적 방향을 가지고 하는 상호적 영역입니다.

"교사가 꼭 필요하다고 생각하는 책을 제시하는 것이 그렇게 비교육적인가요?"

아닙니다. 교사는 학생의 성장을 위해 꼭 필요한 지식을 익히게 하고 꼭 필요한 과정을 경험하도록 이끄는 사람입니다. 따라서 교과별로 혹은 학년별로 그에 맞는 책을 학생에게 제시하고 그것을 읽도록 지시할 수 있습니다. 독서 지도를 하면서 '네가 원하는 대로 하라.'고 하면 그것은 교육이 아닙니다. 교육은 목적의식을 가진 활동입니다.

책은 어떤 이유로든 재미있어야 꾸준히 읽게 됩니다. 그 재미를 맛보는 첫걸음이 '내가 고른 책'입니다. 가능하면 학생들이 스스로 책을 고를 수 있게 하면 좋겠습니다. 하지만 독서 지도를 위해 충분히 다른 선정 방법도 가능합니다. 우리가 독서를 지도하는 이유가

　책을 읽는 것이 재미있다.

　책을 읽으니 인생에 보탬이 된다.

　그래서 평생 책을 읽으며 살고 싶다.

고 느낄 수 있게 하는 것임을 잊지 않는다면 말이죠.

독자의 권리[7]

책을 읽지 않을 권리
건너뛰며 읽을 권리
책을 끝까지 읽지 않을 권리
책을 다시 읽을 권리
아무 책이나 읽을 권리
보바리즘을 누릴 권리
아무데서나 읽을 권리
군데군데 골라 읽을 권리
소리 내어 읽을 권리
읽고 나서 아무 말도 하지 않을 권리

---

7) 다니엘 페나크, 『소설처럼』, 문학과 지성사, 2018.

책 안 읽어도 잘 삽니다

책 읽는 것은 칭찬할 거리가 아닙니다

칭찬은 누구나 좋아합니다. 아이도 좋아하고 어른도 좋아합니다. 칭찬 들을 일이 잘 없는 어른들이 사실은 더 좋아합니다. 예로부터 잘못된 왕은 칭찬만 좋아하고 비판을 싫어하는 사람입니다. 귀에 좋은 소리만 들려주는 간신만 옆에 있다 보니 나라가 망하는 건 시간문제지요. 그렇다 해도 우선은 칭찬이 좋습니다. 그리고 칭찬은 실제로 힘이 커서 사람을 움직이게 합니다. 고래조차도 칭찬을 듣기 위해 춤을 추니까요.

EBS 다큐멘터리 「학교란 무엇인가」에 나온 '칭찬의 역효과'[8]를 소개해 볼게요. 초등학교 저학년 학생들을 대상으로 책 읽기 실험을 합니다. 유치원용 책부터 초등 고학년용 도서까지 총 200여 권의 책을 모아놓은 작은 도서실에서 아이들이 책을 읽습니다. 학생들은 책을 한 권 읽을 때

---

8) EBS 교육대기획 10부작 「학교란 무엇인가」, 6부 칭찬의 역효과

마다 선생님에게 칭찬 스티커를 받게 됩니다.

한 아이가 그림책을 빨리 읽고 바로 달려가 스티커를 받습니다.

"어머 벌써 다 읽었어? 자, 여기 칭찬 스티커 줄게요."

선생님이 아이에게 스티커를 줍니다. 스티커를 받은 아이가 다시 책을 고르고 앉자마자 책을 읽기 시작합니다. 옆의 아이가 칭찬 스티커를 받는 것을 본 다른 아이들도 책장을 넘기는 속도가 빨라집니다.

"나도 다 읽었다."

한 아이가 뜁니다. 그러자 또 다른 아이도 뜁니다. 아이들은 책을 가져와서 아주 빠른 속도로 책을 넘겨보고 다시 뜁니다. 스티커를 받으러 가야 하니까요. 그렇게 해서 가장 많은 책을 읽은 아이는 자그마치 스물아홉 개의 스티커를 받습니다. 나머지 아이들도 대부분 많은 스티커를 받았고, 그 스티커의 숫자만큼 빨리 책장을 넘기고 빨리 뛰고 아무 책이나 막 골랐습니다. 그런데 한결같이 아이들의 표정은 밝지 않습니다.

그런데 놀라운 아이도 있었습니다. 다른 아이들이 스티커를 위해 평상시 읽던 책보다 훨씬 읽기 편한 책, 즉 유아용 그림책을 쌓아놓고 읽기 급급한데 두 명의 남자 아이는 아주 여유롭게 책을 고릅니다. 그림이 거의 없는 글자 책을 골라놓고 천천히 자기 속도대로 읽습니다. 칭찬 스티커에는 아무 관심이 없습니다. 그냥 책을 읽고 있습니다.

아이들의 행동을 처음부터 지켜본 엄마들이 한마디씩 합니다.

"저는 평상시 아이가 책을 읽으면 칭찬 스티커를 줬어요. 그런데 스티커를 위해 책을 대충 읽는 것을 보니 반성이 되네요. 저와 아이 모두 스티커에 집착하고 있다는 것을 알게 되었어요."(사실은 엄마가 집착하고 있죠.ㅎㅎ)

"우리 아이는 저렇게 쉬운 책을 읽는 아이가 아닌데 자신이 평상시 읽던 것보다 훨씬 어린 아이용 책을 급하게 읽는 것을 보니 마음이 아프네요."

엄마들이 모두 반성을 합니다.

그럼 두 남자아이의 엄마는 어떤 방식으로 책을 읽혔을까요? 두 남자아이는 형제였습니다. 그 엄마는 자기 아들들이 너무 천천히 책을 읽는 것을 보고 처음에는 마음을 졸였다고 합니다.

"저는 책을 읽는다고 스티커를 주거나 다른 보상을 하지 않았어요. 그냥 책을 읽는 것이지 그것이 다른 목적을 위한 것이 아니니까요."

누구나 책을 좋아합니다.
아이들은 다 책 읽기를 좋아합니다.
그런데 점점 좋아하지 않게 됩니다.
왜일까요?
책 읽기의 즐거움을 누군가 빼앗아 갔기 때문이지요.

책을 읽으면 테스트를 받아야 하고 자신의 속도대로 읽는 것을 허용하지 않지요. 또 좋아하는 책도 간섭 받습니다. 책이 좋아서 읽었을 뿐인데 무언가 보상을 줍니다. 책 읽기는 점점 보상을 위한 하나의 수단이 됩니다. 하지만 그 보상이 맘에 들지 않으면 굳이 책을 읽을 필요가 없어집니다. 이런 것을 '칭찬의 역효과'라 합니다.

책을 읽는 것은 굳이 칭찬을 받을 일도, 벌을 받을 일도 아닙니다. 그냥 재미있고 의미 있어 하는 일입니다. 그것을 부모나 선생님은 자신이 정한 기준 안에 들어올 때만 칭찬하는 어떤 행위로 좁혀 놓습니다. 문제는 그 기준이 아이의 입장은 고려하지 않은 그들만의 기준이라는 것이지요. 엄마들에게 이 이야기를 하면 그제야 놀랍니다.

책을 얼마나 읽으면 좋을까요?

독서 강연을 할 때 부모님께 물어봅니다.
"자녀가 책을 어느 정도 읽었으면 좋겠어요?"
"다양한 책을 많이 읽으면 좋겠어요."
"그럼 고등학생이 되었는데 국영수 공부 안 하고 매일 책을 읽으면 어떤가요?"
"음, 그건 좀… 호호호"
제 질문의 뜻을 알아차린 어머님들이 쑥스러운 듯 웃습니다. 요즘은 한 학기 한 권 읽기와 같은 교육과정이 생겨 그나마 선생님들의 간섭이 적습니다만 그래도 고3 학생이 소설책을 읽고 있으면 잔소리할 겁니다.
"야, 고3이 뭐하는 거야? 정신이 있어 없어?"
책 읽기를 원하면서도 수능 공부는 해야 한다. 아니 수능 공부를 더 열심히 해야 한다. 수능 공부하다가 힘들 때 잠시 읽는 것은 좋지만 계속 보는 것은 용서할 수 없다. 이런 말씀입니다. 이런 분들은 책 읽기를 공부와 대척점에 있는 것으로 봅니다. 공부는 교과서 읽기고 책 읽기는 여분의 취미라고 보는 것이지요. 이런 이중적 잣대를 놀랍게도 아이들은 제법 일찍 알아차립니다. 아니 강요당하고 있습니다. 요즘은 책 읽기 조차도 수능을 위한 도구로만 생각하는 아이들이 많습니다. 독서 기록을 위한 독서, 자신의 진로를 증언하는 독서, 수시 스펙을 위한 독서에 치중합니다. 실제로 제대로 읽지도 않고 적어달라고 오는 아이들도 제법 있습니다.

하지만 그럼에도 꿋꿋하게 책을 읽는 아이들이 있습니다. 책이 주는 기쁨을 아는 아이죠. 아니면 너무 오래 칭찬의 영역에 있어서 책을 놓을 수 없는 아이도 있겠지요. 마치 책과 분신이 된 것 같은 아이 말이에요.

누가 강요하지 않아도 일 년에 백 권 이상의 책을 읽는 이상한(?) 아이도 있습니다.

매년 백여 권의 책을 읽는 여학생을 만났습니다. 아주 똑똑하고 영민한 학생이었습니다. 어려서부터 엄청난 독서력을 이마에 붙이고 있었습니다. 한 번은 묻더군요.

"선과 악의 기준이 무엇인가요?"

"응?"

"어떤 행위가 선이라고 하는 절대적 기준이 있나요? 악 또한 사회역사적 규정으로 만들어진 것이 아닌가요?"

"그래도 선이란 것은 다수에게 유용하거나 보탬이 되는 것이 아닐까?"

"그런 다수의 논리로 선이라 치부된 것이 어느 시대를 지나면 더 이상 선이 아닌 경우를 자주 보잖아요."

"절대적 기준이란 것 자체가 우리의 관념이 만들어낸 허상이 아닐까 싶기도 해."

"그런 선이며 악이라 하는 것을 우리가 이야기하는 것이 무슨 의미가 있을까요?"

이때 알았습니다. 이 질문은 제가 답할 수 없는 것임을. 이럴 땐 바로 항복하는 것이 좋습니다. 사실 나도 잘 모른다. 깊이 생각해 보지 않았다. 이렇게 말이지요. 이 학생은 지금 저와 장난을 하는 것이 아니라 진지하게 스스로에게 묻고 있는 중입니다. 이 학생의 질문에는 윤리 선생님도 대답하기가 어렵습니다. 학교는 더 이상 이 학생의 질문에 답해주지 않습니다. 스스로 질문하고 찾아야 하겠지요.

"어떤가요? 댁의 아이도 이렇게 많은 책을 읽기를 원하나요?"

부모님들은 아니라 합니다. 그러니 답이 확연합니다. 부모가 원하는 책 읽기는 다만 학교 공부와 시험 점수에 보탬이 될 정도의 독해력과 독서력을 원하는 것입니다. 그러니 학생들 또한 독서를 그 정도로 생각합니다.

책 읽기를 지도하는 분들은 이제 스스로에게 질문을 해야 합니다. 나는 무엇을 위해 책 읽기를 지도하는가? 특히 국어 교사들은 이 질문에 나름의 답을 가지고 있어야 합니다.

어려운 책은 안 읽어요

"쉬운 책만 읽고 어려운 책은 안 읽어요."

당연하지요. 누군들 이해가 안 되는 어려운 책을 읽고 싶겠어요? 하지만 쉬운 것만 있는 세상은 아예 없듯이 처음부터 끝까지 어려운 세상도 없지요. 어려운 것은 해 보지 않아 어려운 것이니 핵심은 해 보는 것입니다.

어려서부터 조금씩 어려운 것에 도전하는 힘을 키워주어야 합니다. 이때 꼭 필요한 것이 도우미입니다. 튜터(tutor)라고 하지요. 처음 자전거를 배우는 과정을 생각해 보시면 됩니다. 두 발로 가는 자전거는 누구나 넘어집니다. 아무리 이론을 알아도 넘어집니다. 중심을 잡으라 하지만 그것이 말처럼 잘 안 됩니다. 이리 쿵, 저리 쿵, 아이는 넘어집니다. 손바닥에 피가 나기도 하고 무릎에 생채기가 생깁니다. 그래도 오기로 배우는 아이들이 있습니다. 하지만 몇 번 넘어지거나 다친 경험 때문에 자전거가 무서운 아이들도 있습니다.

이때 어떻게 해 주어야 할까요? 뒤에서 잡아주는 사람이 있어야 합니다. 아이가 중심을 잡는 것을 몸으로 느끼고 체득할 때까지 넘어지지 않도록 자신의 손에 생채기 나도록 혹은 기름때가 묻도록 붙잡아주는 사람이 있어야 합니다. 그 사람이 부모이고, 교사입니다. 붙잡아 준 상태에서 중심을 잡은 아이는 어느 결에 부모가 손을 놓아도 저 홀로 중심을 잡습니다. 혼자 탈 수 있게 됩니다.

어려운 책을 읽는 것도 이와 같습니다. 그것은 낯선 자전거 타기처럼 두려운 일입니다. 하지만 옆에서 읽기를 도와주는 사람이 있다면,

"잘하고 있어. 조금만 하면 돼. 아주 좋아."

하며 큰 소리로 칭찬해 주는 사람이 있다면 누구나 충분히 어려운 책을 읽어나가게 됩니다. 한 번 어려운 책을 읽어낸 아이들은 또 다른 어려운 책에도 도전합니다. 마치 자전거 타기를 익힌 아이는 다른 모양의 자전거도 탈 수 있는 것과 같은 이치지요.

책만 보는 사람이 더 위험합니다

자전거를 타지 않고도 살아가는데 아무 문제가 없는 것처럼 책을 읽지 않는 것도 아무 문제가 아니라는 것을 먼저 인정해야 합니다. 자전거 타기를 배웠음에도 불구하고 무서워 자전거를 전혀 타지 않는 사람들이 있습니다. 운전 면허증이 있어도 장롱면허로 썩히는 사람도 있습니다. 그렇다고 그게 문제가 되지는 않습니다. 자가용 대신 대중교통을 이용하면 되니까요. 자전거 없이도 문제없이 살 수 있듯이 책을 읽지 않아도 문제없이 살아갈 수 있습니다.

책을 안 읽는 사람보다 더 무서운 사람이 있습니다.

책만 읽는 사람입니다.

책만 읽는 사람들, 의외로 우리 주변에, 제법 많습니다.

인문학이 광풍으로 몰아치던 요 몇 년간 사람들은 너나없이 인문학을 찾았습니다. 플라톤과 소크라테스를 말하고 공자와 노자를 말하고 국부론과 유토피아를 말하는 똑똑한 사람들이 우리 주변에 넘쳐 났습니다. 모두 한풀이를 하듯 고전 시리즈를 읽고 독서 토론이니 독서 대화니 하면서 말의 성찬이 이어졌습니다. 지금도 그런 강연이 많이 있습니다. 물론 모두를 험담하려는 것은 아닙니다. 다만 그런 인문학을 읽는 사람들이 '현재 자신의 삶을 어떻게 바꾸어가고 있는가'를 물어보아야 한다는 것이지요.

책만 읽는 이들이 하는 말의 잔치에 넋을 빼앗기지 않아야 합니다. 그래 봤자 책은 삶 다음이니까요. 그래 봤자 책은 책일 뿐이니까요. 삶은 책으로 바꾸는 것이 아니라 내 행동으로 바꿉니다. 지식으로 바꾸는 것이 아니라 실천으로 바꿉니다. 책을 읽지 않아 아무리 입안에 가시가 박혀도 삶은 책보다 힘셉니다.

책에 대한 지나친 믿음,
그것이 독서 지도에서 어쩌면 가장 위험한 것일 수 있습니다.

집어넣는 읽기에서 끄집어내는 읽기로

읽기 지도에 대한 새로운 질문

우리는 습관적으로 '말하기, 듣기, 읽기, 쓰기'를 구분합니다. 교과서에도 이렇게 활동을 나누어 놓고, 수업도 구분해서 합니다. 그러나 잘 생각해 보면 이상합니다. 말하기를 위한 말하기 수업, 쓰기를 위한 쓰기 수업이 가능할까요? 내용이 없는 말하기와 쓰기가 가능할까요?

저는 독서와 문학, 문법 시간이 모두 말하기와 쓰기 시간이 되어야 한다고 생각합니다. 그래야 끊임없이 말하기 쓰기에 노출될 수 있고, 그만큼 다양한 상황과 다양한 내용으로 말하기와 쓰기를 익힐 수 있습니다.

그래서 이 책을 쓰면서도 고민이 많았습니다. 읽기를 어디에 넣을까 하고요. 결국은 읽기에 대한 오해와 편견을 적고 새로운 읽기의 방향을 제시하는 단원을 만들었습니다. 하지만 이제 읽기와 쓰기의 경계가 무너집니다. 읽기는 읽기로 끝나서는 안 됩니다. 말을 하든지, 글로 쓰든지 어떤 식으로든 자신의 생각과 감정을 표현해야 합니다.

독서의 성격

2015 개정 국어 교육과정을 다시 봅시다.

> **독서는 글을 읽으며 의미를 이해하고 구성하는 능동적 사고 행위이자 사회·문화적 맥락을 바탕으로 하여 의미를 창조하고 소통하는 문화 행위이다.** 학습자는 독서를 통해 다양한 분야의 지식을 습득하는 한편, 서로 다른 사회·문화적 맥락을 지닌 사람들과 소통하는 가운데 더 깊이 있는 의미를 창조할 수 있다. 또한 자신이 직접 경험하지 못한 다양한 시대와 사회의 삶과 문화를 이해할 수 있다. 독서는 인간이 삶을 살아가는 데 필요한 가치 있는 지식과 경험을 학습하고 건전한 세계관과 바람직한 자아 개념을 형성하는 주요 통로이므로 학습자에게 매우 중요한 활동이다.[9]

2015 개정 교육과정 독서 과목에 나오는 '독서의 성격'입니다. 여기서 제 눈에 들어오는 키워드는 '이해', '구성', '창조', '소통'입니다. 여러분도 그렇게 읽히나요? 그런데 그동안 우리의 독서 지도는 주로 '이해'에만 집중되어 있었음을 알게 됩니다. '다 수능 때문이지요.'라고 말하면 지나친 면피가 되니 '그게 예전 수업 방식이었지요.'로 말하려 합니다.

지금까지 읽기 지도는 텍스트 분석과 이해에 초점을 두었습니다. 소설의 경우 술거리와 중심 갈등 파악, 등장인물의 심리와 주제 파악, 어휘와 표현상의 특징 등의 요소에 초점을 맞추고, 내용을 '얼마나 제대로 읽었는가?'를 평가하였습니다. 물론 텍스트의 가치를 내면화하는 수업도 있었지만 대부분 텍스트 이해에 초점을 두었습니다. 비문학 읽기 자료의

---

9) 2015 개정 교육과정, 국어, p91. 진한 글씨는 필자가 강조 표시한 부분임.

경우에는 이런 경향이 더욱 강합니다. 글의 내용을 꼼꼼하게 읽은 후 내용을 요약하고, 글의 표현 방식이나 주제를 파악하는 사실적 독해와 추론적 독해에 주로 초점을 두었습니다.

문제는 이러한 읽기가 학생들에게 학습 동기를 유발하지 못할 뿐만 아니라 읽기 능력 향상에도 별로 보탬이 안 된다는 점입니다. 실컷 수업을 하고도 학생들의 읽기 능력을 신장시키지 못하였다면 무엇이 문제인가요? 어느 지점에서 어긋난 것일까요?

집어넣는 읽기

이해 중심의 독서를 저는 '집어넣는 읽기'로 부릅니다. '집어넣는 읽기'로 보면 텍스트의 의미는 이미 정해져 있고, 독자는 작가가 말하고자 하는 메시지를 찾는 존재가 되지요. 항상 작가가 독자보다 우위에 있으며, 텍스트는 고정된 의미를 가진 불변의 대상이 되며, 독자는 작가의 기준에 자신의 생각과 느낌을 평가받아야 하는 수동적 존재가 됩니다. 무엇보다 텍스트 내용을 학생 머리에 집어넣는 것이 지상의 과제입니다. 집어넣으려 하다 보니 선생님이 다 설명해 주어야 할 것 같고, 학생들은 다 받아 적어야 할 것 같고, 교실은 일방적 지식 전달 공간이 됩니다.

"조용히 해, 질문은 나중에"

"그냥 외워, 그건 안 나와. 수업 끝."

그럴 수밖에 없네요. 읽기의 목표가 '이해'인데 그 어려운 것을 학생들이 어떻게 다 이해하겠습니까? 그게 가능하면 교사가 필요 없지요. 평가는 어떨까요? 당연히 '얼마나 이해하고 암기했나?' 중심의 사실적 독해와 추론적 독해가 중심이 될 수밖에 없습니다.

끄집어내는 읽기

지식정보화 시대에는 많은 정보가 넘쳐 그것들을 다 읽고 이해할 시간이 없습니다. 게다가 표준이라고 정해진 중심이 없습니다. 대상을 바라보는 관점도 정말 다양합니다. 어느 것이 옳은지 알 수가 없습니다. 그래서 정보를 '구성'하고 정보의 진위를 '판단'하고, 자신에게 필요한 정보를 '선별'하며, 주어진 정보를 바탕으로 새로운 정보를 '창조'하고 '소통'하는 능력이 더 중요해집니다.

의미는 전달되는 것이 아니라 독자에 의해 구성되는 것입니다. 이제 작가는 고정불변의 의미를 제공하는 존재가 아니라 여러 입장 중 하나의 생각을 말하는 존재일 뿐입니다. 오히려 독자가 의미를 구성하는 주체적 존재로 바뀌었습니다.

잠시 질문해 볼까요?

"왜 텍스트를 읽나요?"

텍스트는 쓰기 활동의 결과물입니다. 누군가가 자신의 생각과 느낌을 쓴 것이 텍스트입니다. 그런데 그걸 왜 읽냐 말이지요.

우리는 '표현'하기 위해 읽습니다. 독자는 '자신의 생각과 느낌을 드러내기 위해' 글을 읽습니다. 판타지를 좋아하는 학생은 판타지를 읽고, 사회 문제에 관심 있는 사람은 사회 문제를 다룬 글을 찾아 읽습니다. 이렇게 볼 때 독자의 읽기 행위는 자신의 관심과 생각을 드러내는 행위이며, 나아가 자신의 생각과 느낌을 어떤 방식으로든 표출하는 선택임을 알 수 있습니다.

작가 : 난 사회 문제에 대해 관심이 많아. 그래서 그런 책을 쓰겠어.
독자 : 난 사회 문제에 대해 관심이 많아. 그래서 그런 책을 읽겠어.
작가 : 내 생각은 이렇다네. 자네 생각은 어떤가?
독자 : 내 생각은 이런데 이 사람은 저렇게 생각하네.

어떤가요? 읽기 자체가 이미 '표현'이자 '소통'이란 것을 알 수 있지요? 그런데 여기서 그치지 않습니다. 독자의 읽기는 책을 덮으며 끝나지 않고 이후 활동과 연계되어야만 진짜 의미가 있습니다. 무엇과 연계되어야 할까요? 당연히 삶입니다.

삶-책-삶으로 돌아오는 읽기, 독자-텍스트-독자로 돌아오는 읽기, 이를 '끄집어내는 읽기'라 부르겠습니다. 끄집어내는 읽기는 집어넣는 읽기에서 단지 한 단계가 추가된 것이 아닙니다. 아예 시작점 자체가 다릅니다.

끄집어내는 읽기는 책 선정부터 다릅니다. 책을 읽는 방법도 달라지고 책을 읽고 난 뒤의 활동도 달라집니다. 모든 활동의 중심에 '책'이 있는 것이 아니라 '독자'가 있습니다. 집어넣는 읽기에서는 작가가 '갑'입니다. 하지만 끄집어내는 읽기에서는 독자가 '갑'이 됩니다. 작가는 주인이 아니라 그냥 독자와 동등한 한 명의 독자입니다. 작가는 자신의 생각을 책으로 말합니다. 독자가 읽습니다. 독자는 그 책에 동의할 수도 있고 그렇지 않을 수도 있습니다. 책은 무소불위의 권력이 아니라 나와 타인의 대화를 만들어주는 매개체가 됩니다.

독자가 중심에 서는 읽기는 자연스럽게 '자아 찾기'가 대두됩니다. 모든 선택은 자신이 하였으니까요.

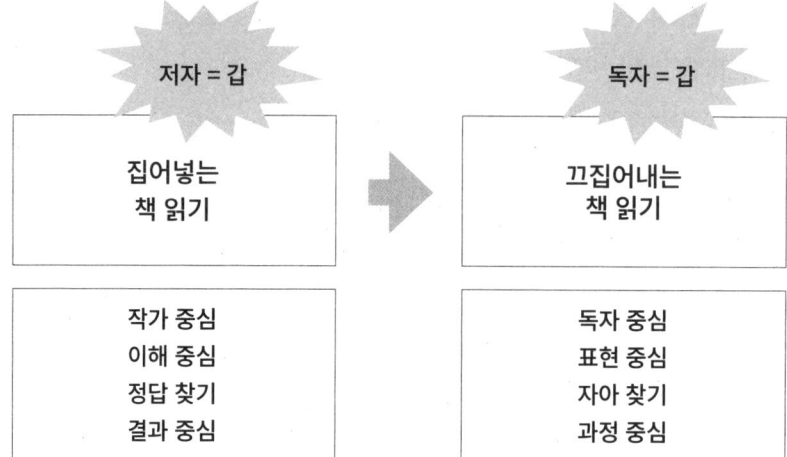

'왜 나는 이 책을 선택하였는가?'
'나는 왜 이 구절에 맘이 끌렸을까?'
'책에 나온 이 방법을 내가 실천해 보면 어떨까?'
'책을 읽기 전과 읽은 후, 나는 무엇이 달라졌는가?'

그리하여 책은 나를 들여다보게 하고 나를 변하게 하는 매개체가 됩니다.

고전 읽기에서 현재 읽기로

「제망매가」 기억하나요?

「제망매가」 좋아하시나요? 신라 향가 중 최고봉이라 불리는 작품입니다. 월명사라는 스님이 지은 10구체 향가입니다. 저는 이 시를 참 좋아하는데요. 제가 기억하고 있듯이 다른 사람도 이 작품 정도는 기억하고 있을 거라 생각하고 살았습니다. 그런데 웬걸요? 「제망매가」를 기억하는 분이 별로 없었습니다.

"배웠잖아?"

"그랬나?"

약간 배신감이 들었습니다. 우습죠. 수학의 로그, 영어의 문법, 생물의 개념들 다 잊고 살면서 굳이 「제망매가」를 기억해야 한다고 우기다니.

그래도 「제망매가」 이야기를 해 보겠습니다. 향가는 신라의 노래입니다. 천 년도 더 지난 노래를 우리가 배운다는 것이 설렙니다. 그때 사람들은 당연히 한글이 없었습니다. 말은 지금처럼 했어도 글자가 없으니 중국의 한자를 가져와 표기를 하였습니다. 그런데 그게 쉽지 않지요. 말은 한국어로 하는데 적는 건 영어로 적는 꼴이니 말입니다. 그래서 똑똑한 신라 사람들은 한자를 한문처럼 적지 않고 우리말처럼 적는 방법을 고안해 냅니다. 그것이 향찰입니다. 「제망매가」는 향찰로 기록되어 있습니다.

生死路隱
此矣 有阿米 次肹伊遣
吾隱去內如辭叱都
毛如云遣去內尼叱古
於內秋察早隱風未
此矣彼矣浮良落尸葉如
一等隱枝良出古
去如隱處毛冬乎丁
阿也 彌陀刹良逢乎吾
道修良待是古如

한문처럼 보이지만 한문처럼 읽으면 절대 해석할 수 없습니다. 해석 과정의 복잡한 일화는 알고 계실 것으로 보고 이것을 한글로 바꾼 것을 보겠습니다.

생사로(生死路)는
예 이샤매 저히고
나는 가느다 말ㅅ도
몯다 닏고 가느닛고
어느 ᄀᆞ술 이른 ᄇᆞᄅᆞ매

> 이에 저에 쁘딜 닙다이
> ᄒᆞᆫ 가재 나고
> 가논 곧 모ᄃᆞ온뎌
> 아으 미타찰(彌陀刹)애 맛보올 내
> 도(道) 닷가 기드리고다

윽, 한글인데 세종대왕 시절 글자네요. 아, 읽기도 부담되고 해석도 부담이네요. 그럼 진짜 현대국어로 보여드립니다.

> 생사의 길은
> 여기 있으매 두려워하고
> 나는 간다 말도
> 몿다 이르고 가는가
> 어느 가을 이른 바람에
> 여기 저기 떨어지는 잎처럼
> 한 가지에 나고
> 가는 곳 모르겠구나
> 아으 극락세계에서 만나볼 나는
> 도 닦으며 기다리겠노라.

이제 시로 보이네요.
 자 여기서 퀴즈~ 학생들은 「제망매가」를 위의 세 표기 중 어느 것으로 배워야 할까요? 그 대답은 '왜 고전 작품을 배우는가?'에서 찾아야 합니다.

왜 고전 작품을 배울까요?

천 년 전에 쓴 조상님들의 시를 21세기 아이들이 왜 배워야 하나요? 한국인이니까? 그런가요? 우리 문화를 이해하고 자긍심을 가지기 위해? 정말요?「제망매가」 모르면 자랑스러운 한국인이 아닌가요? 혹 교양을 위해서 배워야 하나요? 이걸 모른다고 교양 없다고 할 수는 없잖아요. 그럼 왜 배워야 하나요?

제가「제망매가」를 좋아하는 이유는 화자가 보여주는 어떤 자세 때문입니다. 아, 천 년 전에도 이런 마음을 가지고 살았구나. 그 마음을 이렇게 표현할 줄 알았구나. 책 속에서 활자로만 배우던 신라라는 사회가, 그 당시를 살아가던 사람들이 내게 와서 말을 건네는 느낌이 듭니다. 경주 불국사에 가서 다보탑과 석가탑을 손으로 만질 때 느껴지는 것과 같은 느낌, 불국사를 거쳐 석굴암으로 올라가는 길에서 흙, 능선, 바람 이런 것들을 만나는 느낌과 같은 것들이지요.

우리는 옛날 문학 작품에서 여전히 살아있는 사람들의 숨결을 만납니다.「제망매가」를 보면서 당시의 가족애를 느끼고,『홍길동전』을 통해 부당한 사회 구조에 분노하는 청춘을 느끼고,『박씨전』을 통해 영웅적인 여성의 현명함을 느끼고,『허생전』을 통해 새로운 사회를 만들고 싶은 선각자들의 도전을 느낍니다.

이것이 고전 작품을 우리가 지금 배우는 이유라고 생각합니다. 단지 그때 이런 작품이 있었다는 것을 알기 위해서가 아니라, 한국인이 이런 것을 창조하였다고 자랑하기 위해서가 아니라, 어떤 사람과 만나기 위해서 배웁니다. 그 사람을 통해 그 시대를 이해하고 다시 내 시대로 돌아와 나를 보기 위해서 배웁니다.

'시를 왜 배워야 하느냐'고 묻는 학생이 있습니다. 전문적으로야 시학을 거론해야겠지만 저는 이론에 약한 사람이라 그냥 제 식으로 아이들에게 답을 합니다.

"시를 읽으면 돈이 나오니?"

"아뇨~."

"시를 읽으면 얼굴이 예뻐지니?"

"아니오~."

"그래서 시를 읽지."

"네?"

시를 읽는다고 밥이 나오지도 않고 돈이 나오지도 않습니다. 취업 시험에 문제로 나오지도 않습니다. 시는 현실에 아무 쓸모가 없습니다.(문학의 사회적 효용을 거론할 분이 계시겠지만) 바로 그 쓸모없음이 시가 존재할 수 있는 근거입니다. 아무런 쓸모기 없기에 시는 시라지지 않고 존재합니다. 돈이다 미모다 시험이다 온통 경쟁하고 갈등하는 속에 그런 것들과 전혀 상관없는 숨구멍 같은 시, 충분히 배울 만하지 않나요?

위에서 우리는 고전 작품을 통해 그 당시 살았던 사람들의 모습을 통해 현재의 나를 바라본다고 정리했습니다. 자, 그럼 이제 퀴즈의 답을 생각해 봅시다. 학생들은 「제망매가」를 위의 세 표기 중 어느 것으로 배워야 할까요?

당연히 현대문으로 배워야 합니다. 현대시를 읽듯 시를 감상하고 이후 추가로 중세표기나 향찰 표기를 맛만 보여주면 됩니다. 중세 국어도 이해해야 한다고요? 그건 문법 시간에 배우면 됩니다. 정말 중세 국어가 중요하면 문학 작품으로 충분히 감상을 한 이후에 배워야 합니다. 그 당시 언어로 작품을 읽어야 그 맛을 알 수 있다고요? 그 논리대로라면 『양반

전』이나 『금오신화』는 한자로 읽어야 합니다. 좀 더 비약하면 성경은 히브리어로 읽어야 합니다. 하지만 그렇게 하지 않잖아요. 다른 것은 다 현대문으로 읽으면서 향가는 중세 국어로 읽어야 한다니 형평성 도 효율성 도 그리 설득이 되지 않네요. 단순히 어렵기 때문에 현대문으로 가르치자고 하는 것이 아닙니다. 학생들이 텍스트를 온전히 만날 수 있도록 하기 위해 현대문으로 가르쳐야 합니다.

학생들이 고전문학을 어려워하는 가장 큰 이유는 언어적 거리감 때문입니다. 어두 자음군, 소멸된 글자, 어려운 한자어, 사라진 고유어, 현대 국어와 다른 중세 표기법은 읽기도 어렵고, 읽어도 해석이 안 됩니다. 할 수 없이 선생님이 불러주는 대로 책의 여백이 사라질 정도로 빽빽하게 적습니다. 단어를 넘어서지 못하니 작품 전체로 만나기가 어렵습니다. 내용 전체가 그려진다 해도 작품이 주는 동일시나 감동을 기대하기는 어렵습니다. 이미 너무 많은 에너지를 써 버렸으니까요. 마치 구중궁궐 외딴방에 있는 신부를 만나러 가다가 그만 중도에 지치는 꼴입니다. 아, 고전문학 힘들어요. 외국어 같아요.

천 년 전 목소리에 귀 기울이기

「제망매가」 수업은 현대시 수업하는 것과 같은 방식으로 진행합니다. 시를 느끼고, 이해하고, 공감합니다. 그 다음에 시의 표현을 봅니다. 우리는 천 년 전에 살았던 사람들을 만나러 갑니다. 질문을 주고받으며 갑니다.

1. [개인활동] 시 제목과 본문을 눈으로 훑어보고 궁금한 것을 세 가지 적어보자.
   1)   2)   3)

2. [모둠활동] 본문 읽고 생각을 적어보자.
   1) 이 시를 읽고 난 뒤 첫 느낌은?
   2) 화자를 찾아보자.
   3) 화자는 지금 어떤 감정 상태에 있는가? 그것을 알 수 있는 시어는?
   4) 화자가 처해 있는 시적 상황은 어떠한가?
   5) 그 상황에서 화자는 어떤 태도를 보이는가?

교사는 「제망매가」에 대한 정보를 절대 제공하지 않습니다. 아무런 사전 지식 없이 오롯이 작품만 가지고 작품 속에 있는 사람의 목소리를 듣고 그 사람의 감정을 느끼도록 해야 합니다. 몇 번 읽으면서 학생들은 충분히 화자를 찾고 "누가 죽었데이, 가족 아이가?" 하면서 저희들끼리 작품을 이해합니다. 미타찰이란 단어는 뜻을 가르쳐줍니다. 그러자 대부분 '가족이 어린 나이에 갑자기 죽었는데 그 슬픔을 참고 있는 시로, 화자는 불교와 관련된 사람'이라고 정리합니다.

나는 간다 말도 못다 이르고 가는가

모둠 발표로 내용을 이해한 뒤에 저는 조용히 세월호 관련 동영상을 보여줍니다. 수학여행 간다고 예쁜 옷 사 입고 즐거운 마음으로 전화 통화하였는데 돌아오지 못한 가족들의 이야기를 보여줍니다. 불치병도 아닌데 느닷없이 마치 거짓말같이 딸이, 여동생이, 형이 돌아오지 않습니다. 아직 제대로 살아보지도 못한 어린 누이입니다. 유가족들의 통곡 소리와 바닷바람에 날리는 노란 리본, 멀리 들리는 아이들의 전화 목소리… 짧은 동영상이지만 모두들 눈가가 축축해집니다. 가슴 한편에 무거운 돌이 얹힌 기분입니다.

"슬프네요."

한 학생이 말합니다.

"그래, 나도 참 슬프네. 「제망매가」의 화자도 같은 처지였나 봐. 여동생이 어린 나이에 갑자기 죽은 거지. '나는 가요.' 한마디 말도 못하고 말이야."

학생들과 함께 「제망매가」를 소리 내어 다시 읽습니다. 아까 읽은 「제망매가」와 다릅니다. 1000년 전 사람들도 현재 우리의 맘과 똑같구나. 그때도 누군가가 갑자기 죽고 남은 자들은 이렇게 힘들어했구나.

"샘, 신기해요."
"뭐가?"
"시가 말을 해요."

현재와 고전의 꾸준한 간섭

1차시가 「제망매가」 해석과 공감이 목표였다면 2차시는 죽음을 바라보는 화자의 태도를 비교하고 자신의 태도를 성찰하는 것이 주된 목표입니다. 이를 위해 세월호 당시 많이 불렸던 노래를 들려줍니다.

> 나의 사진 앞에서 울지 마요
> 나는 그곳에 없어요
> 나는 잠들어 있지 않아요
> 제발 날 위해 울지 말아요
> 나는 천 개의 바람
> 천 개의 바람이 되었죠
> 저 넓은 하늘 위를
> 자유롭게 날고 있죠[10] (생략)

죽은 자가 화자가 되어 산 자의 슬픔을 달래주는 노래입니다. 이 작품과 「제망매가」를 비교하고 자신들이 생각하는 죽음에 대한 생각을 나눕니다. 그리고 시적 형상화와 향가에 대해 수업을 합니다.
학생들은 마음 힘 키우기에 이렇게 적었습니다.

- 「제망매가」를 배우고 나니 뿌듯합니다. 왜냐하면 오랜만에 시 같은 시를 읽은 것 같기 때문입니다.
- 「제망매가」를 배우고 나니 무겁습니다. 왜냐하면 고독과 슬픔이 내게 파

---

10) 「천개의 바람이 되어」, 임형주, (2014 Remastering Ver.),

묻히는 것 같아 몸이 무거워졌기 때문입니다.

- 「제망매가」를 배우고 나니 놀랍습니다. 왜냐하면 1000년 전의 시가 지금도 살아있는 것 같아서입니다.
- 「제망매가」를 배우고 나니 감성적이게 되었습니다. 왜냐하면 시를 쓰는 방법을 배우기도 했고, 머리에서 꽃이 피어나는 느낌이 들기 때문입니다.

「제망매가」 수업은 고전 읽기 수업의 한 예입니다. 학생의 말처럼 천 년 전의 작품이 아직도 살아있음을 경험하는 고전 읽기, 그게 고전을 공부하는 이유 아닐까요?

7장
읽고 표현하는 국어 수업

내 인생 최고의 날
- 식사문 작성하여 발표하기

기분 좋은 상상

내 인생 최고의 날이라, 듣기만 해도 기분이 좋은 말입니다. 내 인생 최고의 날, 여러분에게 어떤 날이 그날인가요? 이 수업은 제가 2학년을 대상으로 한 수업으로, 아주 단순한 이유에서 시작되었습니다. 국어 교과서에 식사문이 나왔거든요. 식사문, 들어보셨나요? 어떤 의식에서 메인 되는 분이 읽는 글입니다. 예를 들면 입학식 날 교장 선생님의 말씀 같은 것이고, 처음으로 개업하는 날 사장님의 한 말씀, 정년퇴임을 맞이한 분의 퇴임 인사 말씀, 이런 것들이 다 식사문입니다.

당시 교과서에는 반기문 유엔사무총장의 취임식 인사말이 전문 그대로 나와 있었습니다. 우리나라에서 유엔 사무총장을 배출하였다는 점에서 온 국민이 기뻐했지요. 그리고 그의 연설문은 유엔 사무총장으로 취임하는 감사와 비전 등이 아주 잘 드러난, 좋은 글이었습니다. 그런데 문제는 제가 가르치는 학생들에게 너무 동떨어지고 어려운 내용이라는 점이었습니다. 단어도 그렇고 지구의 평화와 유엔 문제를 거론하는 내용이 잘 와닿지 않았습니다. 내용 이해를 위해서는 단어 찾기와 문맥 이해부터 차근차근해야 할 판입니다. 문제는 그런 수업이 별로 재미가 없다는 것입니다. 남의 이야기니까요. 고민입니다. 이걸 안 하고 넘어가도 되지만 어렵다고 넘어가고 남의 이야기라고 넘어가고 그러면 학생들에게 가르칠 것이 무엇이 남겠습니까?

고민하다가 수업 연구모임에서 아이디어를 빌려 수업을 계획하였습니다. 식사문을 글로 배우는 것이 아니라 직접 쓰고 말하는 것으로 말이지요. 방법은 자신이 생각하는 가장 아름다운 어느 한 시간을 골라 마치 그 시간 그 장소에 서 있는 사람처럼 식사문을 발표하는 것입니다. 식사문을 남의 글로 이론적으로 배우는 것이 아니라 직접 식사문을 쓰고 발표함으로써 익히는 것이지요. 그러려면 어떤 단계기 있어야 할까요?

가장 아름다운 날을 상상하게 한다.
그날 할 말을 쓰게 한다.
발표한다.

쉽죠? 전혀 어렵지 않죠? 이렇게 말하면 모두 웃습니다.

"아니, 그 하나하나를 구체적으로 어떻게 하느냐 말야. 그걸 말하라고."

"얘들아, 식사문은 이런 거야. 그러니까 네가 생각하는 가장 좋은 날을 생각해서 한 편의 글을 써 봐, 발표할 거야."

우리는 아이들을 이렇게 가르쳤습니다. 아이들이 얼마나 황당하고 대책 없을지 느낌이 오나요? 선생님들조차도 이런 삼 단계 지시가 당혹스럽기만 한데 학생들은 더 그렇겠지요. 또 잠시 우리가 그동안 제대로 가르치지 않고 결과물을 내도록 했다는 것을 인지하고, (반성하고) 넘어갑니다.

사실 이 수업에서 가장 중요한 것은 '어떻게'가 아니라 '왜'입니다.
'왜 이 수업을 하는가?'
'이 수업을 통해 학생들에게 무엇을 경험하도록 하고 싶은가?'
그 질문에 먼저 답할 수 있어야 합니다. 왜 식사문을 가르치나요? 남이 하는 식사문, 그냥 듣고 있으면 되는데 어차피 회장님이 하는 말씀, 그냥 듣고 있으면 되는데 왜 국어 수업 시간에 이런 형식의 글을 가르칠까요? 써 먹으라고? 맞습니다. 이런 글이 있으니 배워 놓았다가 나중에 써 먹어라. 그게 교과서에 이런 지문이 있는 이유입니다. 식사문이 필요한 사람이 되어라. 이게 더 속에 숨어있는 의도이겠지요. 언젠가 너희도 식사문을 작성해야 하는 위치에 올라갈 것이니 미리 준비해라. 그럼 어떻게 하면 그런 자리에 다다를까? 인생을 사는 마법은 무엇일까? 누구나 원하는 삶을 살고 싶고, 남부럽게 살고 싶고, 아름답게 살고 싶고, 당당하게 살고 싶고, 폼 나게 살고 싶고, 멋있게 살고 싶습니다. 어떻게 하면 되지요?

이게 이 수업의 동기가 됩니다. 왜 이 수업을 하는가? 아이들은 프로젝트 수업 안 좋아합니다. 무언가 머릴 써야 하고 숙제가 따라오니까요. 그래서 동기유발이 중요합니다.

현재를 열심히 살면 정말 좋은 미래가 올까?

"얘들아, 현재를 열~심히 살면 정말 괜찮은 미래가 올까?"
묻습니다. 아이들이 잠시 망설입니다. 뭔가 함정이 있나 싶은가 봅니다.

"우리는 많이 듣잖아. 성실하게 근면하게 열심히 살다 보면 좋은 날이 온다고, 참고 열심히 하라고 그러면 쨍하고 해 뜰 날 온다고. 정말 그럴까?"

그러면서 저는 항상 이순신 영화를 짧게 보여줍니다.「명량」이라는 영화로요. 전쟁 장면이 아니라 12척의 배를 가지고 수십 배 많은 왜선과 '싸우러 나가는' 이순신 장군과 병사들을 보여줍니다. 이순신 장군은 명량 싸움에 나가면서 어떤 마음이었을까요? 죽기를 작정하고 나갔을까요? 아니면 이기려고 나갔을까요? 상대도 중무장한 해군입니다. 아무리 백전노장이지만 수적 열세를 무시할 수 없는 전쟁터에 어떤 마음으로 나갔을까요?

저는 단연코 이순신 장군이 이긴다는 마음으로 나갔다고 생각합니다. 이긴다는 마음을 가진다 해서 싸움에서 모두 이길 수 있는 것은 아닙니다. 하지만 이긴다는 마음 없이 이길 수 있는 싸움은 절대 없습니다. 그런 면에서 저는 이순신 장군이 이기려고 나갔다고 생각합니다.

"내가 보기에 현재가 미래를 만드는 게 아니라
미래가 현재를 만드는 것 같아."

여행으로 비유를 해 볼까요? 여행을 가고 싶습니다. 프랑스 파리로 가서 보름 정도 놀다 오고 싶습니다. 어떻게 해야 하나요? 일정을 잡고 자금 수급 계획을 세워야겠지요. 아르바이트를 몇 개월 해야 여행 경비가 나오는지 따져보고 당장 내일부터 하루 일정이 달라집니다. 경주 여행을 계획하면 어떤가요? 조금의 여비만 준비되면 충분히 갈 수 있습니다. 같은 여행이라도 목적지를 어디로 정하느냐에 따라 먼 훗날이 바뀌는 것이 아니라 바로 오늘, 지금, 여기가 바뀝니다.

인생이라는 여행은 어떤가요? 누구나 처음 가는 길입니다. 지도도 없고 나침반도 없습니다. 그 깜깜한 바다에 그냥 열심히 간다고 등대가 나올 것 같지는 않습니다. 등대는 누군가가 켜 놓는 것이 아니라 내가 직접 켜 놓아야 합니다. 직접 등대를 하나 만들어 놓고 그 길로 가는 배처럼 우리는 스스로 자신의 인생의 등대를 직접 만들어 마음에 새기고 살아가야 합니다. 바로 내 인생 가장 최고의 날을 상상하는 것처럼 말이지요.

현실처럼 상상하기

"우리는 가장 최고의 날에 주인공이 될 거야. 그날 나를 위해, 주인공이 된 나를 위해 많은 사람들이 모였어. 그들에게 내 이야기를 해 주는 거지. 식사문을 발표하는 거야."

우리는 타임머신을 탑니다. 직접 그 자리에 가야 합니다. 그래야 진짜처럼 말하지요.

"자, 자신이 생각하는 가장 아름다운 날을 상상해 봐요. 그 어느 날 어느 장소로 가 봐요."

아이들은 눈길을 창가 하늘로 돌리고, 책상 위로 고정하기도 하고, 천장도 쳐다봅니다. 내 인생의 가장 아름다운 날, 내 생애 최고의 날은 어떤 날일까? 한 학생에게 말을 겁니다.

"네 인생의 최고의 날은 어떤 날일까?"

"아직 잠깐만요. 잘 모르겠어요."

"그래, 그럼 하나하나 찾아가 보자. 어느 계절이니?"

"5월이에요."

"날씨가 어때?"
"아주 화창하고 날이 깨끗해요. 덥지도 않고 춥지도 않고 상큼해요."
"무슨 요일이니?"
"음, 수요일이에요. 오전 10시구요."
"그렇구나. 너는 어디에 있니?"
"저는 단상 위에 서 있어요. 조금 긴장하고 있어요."
"사람들이 얼마나 많이 왔어?"
"한 오백 명 정도 왔어요. 엄청 많아요."
"무슨 행사니?"
"제가 드디어 제2공장을 다 세우고 준공식을 하는 자리예요."
"무슨 공장인데?"
"밀링이에요. 모든 공정이 자동화되어 아주 깨끗하고 쾌적한 공장이에요."
"너는 몇 살이야?"
"43살이에요."
"무슨 색깔 옷을 입고 있어?"
"진한 회색 양복요. 지금보다 좀 더 살이 찌고 키도 큰 거 같아요."

둘이서 뭐하고 있냐고요? 타임머신 타고 있잖아요. 이 학생은 드디어 밀링 제2공장을 준공하고 기념식을 하고 있는 장면으로 우릴 데려갑니다. 따스한 공기가 직접 느껴지는 것 같습니다.

상상은 아주 구체적으로 해야 합니다. 막연한 것은 현실이 아닙니다. 잠시 책에서 눈을 떼고 주위를 살펴보세요. 물건은 '어딘가'에 막연하게 있는 것이 아니라 책은 책상 위에 있고, 컵은 방바닥에 있습니다. 마찬가지로 미래를 꿈꾸라고 말하면서 정작 무엇을 하는지 어디에 있는지 전혀 그림이 그려지지 않는다면 그것은 꿈이 아닙니다.

'내 인생 최고의 날'

나는 지금 어떤 행사의 주인공으로 모든 사람의 시선을 한눈에 받으며 높은 단상에 서 있다.(미래의 어느 시점을 상상하여 마음껏 쓰기 바랍니다.)

- 어떤 행사인가?(행사명)
- 나는 어떤 일을 이루었나?
- 어떤 사람들이 참석했나?
- 주요 인물은?
- 모두 몇 명쯤인가?
- 날짜는? (   )년 (   )월 (   )요일 (   )시쯤
- 날씨는?
- 장소는?
- 주위 풍경이나 분위기는?
- 행사장의 가벼운 스케치

- (식사문의 주제)모인 사람들은 어떤 말을 듣고 싶을까?

- 내가 하고 싶은 말은?

그러면 모든 아이들이 다 잘 상상해 낼까요? 당연히 아닙니다. 힘들어 합니다. 당장 내일도 모르고 삼 년 뒤도 모르는데 아니 내 인생 최고의 날이라니요?

"샘, 상상이 안 돼요."

"그렇지, 쉬운 일은 아니야. 하지만 이거 정답이 있는 것이 아니야. 그냥 네가 상상해서 그려내면 돼. 누구도 너의 상상에 대해 말하지 않을 거야. 좀 더 과감하게 좋은 방향으로, 엄청 기분 좋은 방향으로 힘을 써 볼까? 취업을 생각해도 되고, 연애나 결혼, 혹은 승진이나 개업, 취미로 하는 어떤 놀이, 나이들어 자손들에게 전해줄 무엇 등등 어떤 것이든 좋아, 이것저것 생각하다가 맘에 드는 하나를 좀 더 구체적으로 낙서하듯이 풀어내 봐."

그렇게 한 시간을 보냅니다. 어떤 아이는 선명하고 어떤 아이는 전혀 감이 안 옵니다. 이런 일을 해 보지 않았으니까요. 항상 자신이 알고 있는 과거와 현재만 맴돌았지, 가 보지 않은 미래를 떠올려 본 적이 없으니까요. 아니 떠올려보긴 했지만 그것이 진짜가 될 수 있다는 말을 스스로에게 해 본 적이 없으니까요. 네가 원하는 것을 맘껏 상상해. 이 수업의 핵심은 이것입니다.

진짜처럼 스토리텔링하기

그럼 이제는 잠시 맛만 보았던 자신의 이야기를 구체적인 스토리로 구성해야 합니다. 스토리텔링입니다.

"어떻게 그 자리에 올랐어?"

"그냥요."

"그냥이 어딨니? 자, 하나하나 가 보자. 고등학교 졸업하고 어디로 갔니?"

"알바 좀 하다가 군대 갔어요."

"육군?"

"네. 근데 군대에서 참 좋은 친구를 만났어요. 그 친구도 저처럼 나중에 사장이 되고 싶다고 했어요."

"제대해서 함께 일했니?"

"아뇨. 같이 하자고는 했지만 서로 가족이 있는 곳으로 갔어요. 저는 작은 중소기업에 취업해서 인정을 받았어요. 일도 잘하지만 영업을 더 잘해서 사장님이 저를 잘 데리고 다녔어요."

"그러다 언제 네 사업을 시작하니?"

"십 년 지나서요. 그동안 모아둔 돈에다 오천만 원 중소기업 대출을 받았어요. 저는 자신이 있었어요. 그동안 거래처도 많이 알아 놓았고, 물건은 확실히 만들 수 있었어요. 그때 군대 그 친구가 저를 찾아와 함께 동업을 하자고 제안을 했어요. 우린 정말 뜻이 잘 맞았어요. 그래서 금방 회사를 키울 수 있었어요. 제1공장을 짓고, 3년 만에 제2공장을 지었지요. 사원들만 해도 5백 명이 넘어요."

"정말 대단하구나. 열심히 일했을 거 같아. 그런데 처음부터 끝까지 그렇게 계속 성공만 했니? 중간에 실패나 좌절한 경험은 없어?"

"에이, 이왕 상상하라면서 왜 실패한 것을 넣어요. 재수 없게."

"그런가? 하지만 세상에 성공하기만 하는 인생이 어딨니? 성공과 실패가 번갈아 오고 그러면서 진짜 탄탄한 성공이 만들어지는 것이지. 계속 성공만 한 사람이 할 게 뭐가 남았겠니?"

"설마 실패요?"

"그치, 그러니까 예방주사 맞듯이 미리 실패 한 번 맞보자. 그래야 더 조심할 수 있고, 예방할 수 있지."

"실패 없는 성공은 없다 이거군요."

"그렇지."

"아, 마음이 아프네요. 실패를 하라니, 저와 같이 동업을 했던 친구가 저를 배신했어요. 그래서 빚을 갚느라 고생 좀 많이 했어요. 그때 아내가 참 많이 도와주었어요."

교사와 학생이 탁구 게임 하듯이 계속 대화를 이어갑니다. 나머지 아이들도 마치 자신의 일처럼 집중해서 듣습니다. 혹 이야기가 연결되지 않으면 교사가 이야기의 주변을 두드려 편하게 이런저런 생각을 할 수 있도록 이끌어주어야 합니다. 절대 강요해서도 안 되고, 윽박지르거나 재촉해서는 안 됩니다. 가장 나쁜 것은 비난하는 것인데요. 말이 아니라도 그런 느낌을 가지고 있으면 천블같이 아이들은 알아차립니다. 온몸으로, 온 진심으로 믿고 아이와 함께 미래로 가셔야 합니다. 그 아이가 경험하는 모든 현장에 함께 한 호흡으로 존재하여야 합니다.

스토리텔링을 위해서는 인터넷의 자료를 찾아 활용하는 것이 좋습니다. 저는 EBS의 다큐멘터리 「이야기의 힘」에서 스토리텔링을 설명하는 부분을 보여줍니다. '떨어지지 않는 합격 사과 이야기'부터 어떤 식으로 이야기를 만들어야 하는지 다양한 사례를 통해 쉽게 접근할 수 있습니다. 하지만 형식을 너무 강조하다 보면 상상력을 억누를 수 있습니다. 이론을 가르치는 시간을 줄이고 상상하는 시간을 늘려 주는 것이 낫습니다.

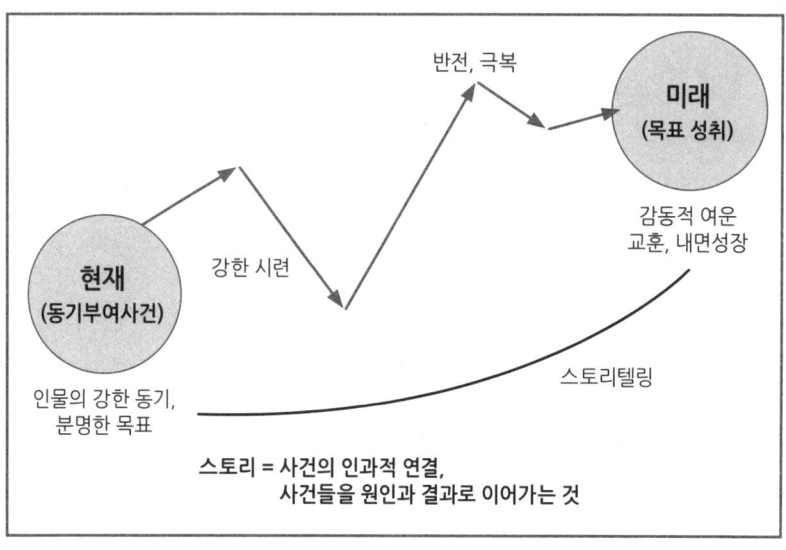

<이야기를 만들 때 고려할 점>

1. 구체적인 시간과 공간을 정한다.(연설하는 현재는 ~ 년, 내 나이 ~ 살, 장소는 ~)
2. 이전과는 다른 자세로 바뀌게 된 동기 부여 사건, 성공해서 이룰 목표점을 구체적으로 정한다.
3. 목표를 향해 살아오던 중 몇 개의 중요 사건(몇 년, 어디)을 설정하고, 나를 힘들게 하는 시련을 넣고 그것을 구체적으로 어떤 방법으로 이겨냈는지를 상상해 적는다.
4. 중요 사건을 최대한 상세하게 쓰되, 필요하면 대화체, 책 인용 등을 할 수 있다.
5. 상황에서 느끼는 감정이나 분위기, 생각 등을 함께 적는 것이 좋다.
6. 이 모든 과정에서 가장 중요한 것은 "그러할 만하다"라고 하는 인과(원인과 결과)가 살아 있는 것이다. 스토리는 사건의 인과적 연결이다.

식사문 형식 이해하기

식사문을 어떻게 설명하고 있을까요? 백과사전을 인용해 봅니다.

식사문을 쓸 때 무엇보다 고려해야 할 점은 행사나 의식의 취지와 목적에 걸맞은 내용을 써야 한다는 점이다. 또한 행사에 참여하는 참석자들의 성향이나 지적 수준을 고려해서 그들이 공유하는 가치와 사고, 경험을 고려해서 공감을 이끌어내야 한다. 가급적 상투적인 내용은 제외하되 정중하고 예의를 갖춘 표현을 사용해야 한다. 행사나 의식이 치러질 상황과 발표 형식도 고려하면 좋다.[11]

식사문에 대한 개괄적인 설명입니다. 그런데 음, 이것을 보고 식사문을 쓸 수 있을까요?? 뭘 저렇게 지키라는 게 많나요? 별로 쓰고 싶지 않네요. 그런데 더 놀라운 것도 있습니다. 숙제로 식사문을 써야 하는 아이의 호소문입니다.

안녕하세요. 학교 국어 수행평가 30점이나 들어가서 도움을 받고자 합니다. 식사문이란 걸 작성해야 되기 때문에…

주제 : 결혼식의 주례사
<조건>
1. 식사문에 사용될 행사의 목적이 명확히 드러날 것
2. 내가 어떤 사람인지 드러나게 말할 것

---

11) 다음백과

3. 처음-중간-끝의 구분이 분명히 드러날 것

4. 비유를 활용할 것

5. 500자 이상 작성할 것(원고지)[12]

포털 검색을 하니 저런 내용이 나오네요. 이 학생도 전혀 배우지 않은 것을 숙제로 배당받았나 봅니다. 저런. 그리고 그 아래에는 친절하게 답변도 달렸습니다.

답변) ○○선생의 혼례 강의에서 찾아보세요.
　　　자세한 형식까지 다 나옵니다.

저는 아주 간단한 양식만 제공하였습니다. 글은 주어 서술어로 이루어져 있으니 가능하면 주어를 주는 것이 좋습니다. 제가 아이들에게 준 양식입니다.

> 처음 : 이렇게 화창한 날씨에 이 자리에 친히 와 주신 여러분 정말 감사합니다. 오늘은 제가 ~ 하는 날입니다.
> 중간 : 이 좋은 날을 맞이하여 제가 그동안 살아온 이야기를 해 드리겠습니다. ~
> 끝 : 마지막으로 여러분에게 제가 꼭 하고 싶은 말은 ~

그러면 여기에 맞게 자신의 이야기를 넣으면 됩니다.

이보다 좀 더 메시지의 내용을 확장하고 싶으면 스티브 잡스의 「스탠포

---

12)　네이버 지식 in

드 대학 졸업식 연설문」을 활용하면 됩니다. 좀 길지만 부분을 인용합니다.

감사합니다.

오늘 이렇게 세계 최고 대학에서 여러분의 졸업식에 참석하게 된 것은 제게 큰 영광입니다. 사실 저는 대학을 졸업하지 못했습니다. 대학 졸업식을 이렇게 가까이서 보는 것도 처음입니다. 오늘 저는 제 인생에서 있었던 세 가지 이야기를 해 드리려고 합니다. 대단한 건 아니고, 딱 3가지 이야기입니다.

첫 번째는 인생의 점들의 연결에 관한 이야기입니다.

저는 리드 대학에 입학한 지 6개월 만에 중퇴했습니다. 그 후 청강을 하며 대학 주변에 머물다가 1년 반 후에는 정말로 그만뒀습니다. 제가 왜 중퇴를 했을까요? 이야기를 하자면 제가 태어나기 전으로 거슬러 올라갑니다. 제 생모는 젊은 미혼모 대학원생이었습니다. 그래서 저를 입양시키기로 결정했습니다. 그녀는 제 장래를 위해 대학을 나온 양부모를 원했습니다. 그래서 저는 태어나자마자 어느 변호사 가정에 입양되기로 정해져 있었죠. 하지만 제가 태어난 순간 그들은 여자 아이를 입양하기로 마음을 바꿨습니다. 대기자 명단에 있었던 양부모님은 한밤중에 이런 전화를 받았습니다. "예정에 없던 사내아이가 태어났는데 입양하시겠습니까?" 양부모님은 대답했습니다. "물론이죠."

그런데 양어머니는 대졸도 아니고 양아버지는 고등학교도 안 나와서 생모는 입양동의서에 사인하기를 거부했습니다. 몇 달 후 양부모님이 저를 대학까지 보내겠다고 약속한 후에야 생모는 고집을 꺾었습니다. 이것이 제 인생의 시작이었습니다. 그리고 17년 후 저는 확실히 대학에 입학했습니다. 그러나 저는 순진하게도 스탠포드 만큼이나 학비가 비싼 학교를 선택

했습니다. 노동자 계층이었던 부모님이 애써 모아둔 돈이 모두 제 학비로 들어갔습니다. 6개월 후 대학 생활이 제게는 그만한 가치가 없어 보였습니다. 인생에서 내가 무엇을 하고 싶은지 또 대학이 그것을 찾아내는 데 얼마나 도움이 될지 알 수 없었습니다. 양부모님이 평생 모으신 재산을 쏟아붓는 상황이었습니다. 그래서 모든 일이 잘 될 거라고 믿고 자퇴를 결심했습니다. 당시에는 두려웠지만 돌이켜 보면 제 인생에서 최고의 결정이었습니다.

자퇴 후엔 관심 없던 필수과목들을 그만두고 더 흥미 있어 보이는 강의를 듣기 시작했습니다. 그다지 낭만적인 생활은 아니었습니다. 기숙사에서 머물 곳이 없었기 때문에, 친구집 마루에서 자기도 했고, 5센트짜리 콜라병을 모아 끼니를 때우기도 했습니다. 매주 일요일 밤이면 모처럼 제대로 된 음식을 먹기 위해 7마일을 걸어 하리크리슈나 사원의 예배에 참석하기도 했습니다. 정말 맛있었습니다. 오로지 호기심과 직감을 믿고 저지른 일이 훗날 아주 소중한 경험이 되었습니다.

예를 하나 들어보겠습니다. 리드대학은 당시에 아마 미국 최고의 서체 교육을 제공했습니다. 교내 곳곳에 붙어있는 포스터와 도처의 서랍에 붙어있는 표식과 그림들, 손으로 아름답게 그린 서체 예술이었습니다. 자퇴하여 정규과목을 들을 필요가 없었으므로 저는 서체 수업을 들었습니다. 그때 저는 세리프와 산세리프체를, 다른 글씨의 조합 사이의 그 여백의 다양함을, 활자 레이아웃을 훌륭하게 만드는 요소에 대해 배웠습니다. 그것은 과학적으로 도저히 분석할 수 없는 아름답고, 유서 깊고, 예술적으로 미묘한 것이어서 전 매료되고 말았습니다. 이 중 어느 하나도 제 인생에 실질적 도움이 될 것 같지는 않았습니다.

그러나 10년 후 우리가 첫 번째 매킨토시를 구상할 때 저에게 그것들이 되살아났고, 우리가 설계한 매킨토시에 그 기능을 모두 집어넣었습니다.

그것은 아름다운 서체를 가진 최초의 컴퓨터였습니다. 만약 제가 서체 수업을 듣지 않았다면 매킨토시의 복수서체 기능이나 자동 자간 맞춤 기능은 없었을 것이고, 맥을 복제한 윈도우도 그런 기능이 없었을 것이고, 결국 개인용 컴퓨터에는 이런 기능이 실리지 못했을 것입니다. 만약 대학을 중퇴하지 않았다면, 서체 수업을 듣지 못했을 것이고, PC에는 지금과 같은 뛰어난 서체가 없었을 것입니다.

물론 제가 대학에 있을 때는 미래를 내다보고 점들을 연결하는 것은 불가능한 일이었습니다. 과거를 돌이켜 볼 때에야 그들을 연결시킬 수 있었습니다. 그러니 여러분은 미래에 점들이 연결될 것임을 확신해야 합니다. 배짱, 운명, 인생, 숙명 등 그 무엇이 되었든 믿음을 가져야 합니다. 그 이유는 현재가 앞으로의 미래와 연결된다는 믿음이 여러분 자신의 마음을 따르도록 하는데 확신을 주기 때문입니다. 또한 그 길이 아무리 험한 길이라 할지라도 그것이 인생에 있어서 모든 차이를 만들어내는 것입니다.(중략)

학생들에게 동영상을 보여주고, 연설문을 같이 읽고 분석하였습니다. 간단명료하면서 매우 깊고 아름다운 메시지가 들어있는, 식사문의 훌륭한 표본입니다. 처음 중간 끝으로 되어 있고, 각 주장별로 근거와 사례가 살아있지요. 새로운 것에 도전하고 여러 번 실패를 이겨낸 이가 전달하는 묵직한 삶이 어떤 목소리로 울리는지 아이들이 맛볼 수 있습니다. 분량이 너무 길어 자르려 했으나 하나도 버릴 수가 없네요. 서로 긴밀하게 내용이 연결되어 있어 부분을 빼면 전체 맥락이 이어지지 않습니다. 스티브 잡스는 글도 잘 씁니다.

식사문 작성하기

스토리가 만들어지면 이제 직접 식사문을 써야 합니다.
식사문을 씁니다.
'이 자리에 모여주신 여러분 감사합니다. 오늘은 제가~.'
어느 결에 학생들의 소리가 잦아듭니다. 아, 뭐 쓰냐? 하면서 둘레둘레 보던 학생도, 킥킥거리며 웃던 아이도 '오늘은 제가~' 부분을 쓰면서 시공간을 뛰어넘어갑니다. 여러분, 오늘 이 순간이 오기까지 제 이야기를 들려 드리겠습니다. 저는 고등학교를 졸업하고~~

또박또박 한 자 한 자 적으면서 마치 진짜 결혼식장에 있는 사람처럼, 국립대 음대에 당당하게 입학한 학생으로, 오십 한 살에 역사 깊은 모교의 동창회장이 되어, 참기름으로 전 세계에 자신의 이름을 날린 기업가로, 모델계의 살아있는 전설이 하는 마지막 런웨이장에서, 막 백일을 지나 또랑또랑한 딸의 눈빛을 바라보는 아빠가 되어, 자신의 이름으로 된 요양원을 세운 원장이 되어, 젊은 날 숱하게 실패하였지만 결국 자신만의 스테이크를 만들어 프랜차이즈 100호점을 낸 회장이 되어, 50평 아파트로 이사를 온 후 집들이를 하면서, 고등학교 때부터 꿈꾸던 작가가 되어 팬들과 미팅을 하면서, 삼성전자의 인사부장이 되어 신입사원들 앞에서 연설을 합니다. 저는 이렇게 살아왔습니다. 여러분, 마지막으로 제가 여러분께 드리고 싶은 말은 바로 이것입니다.

식사문을 작성하던 시간은 모든 반에서 열기가 불끈 피어올랐습니다. 아, 학생들이 놀랍도록 몰입합니다. 누구도 딴짓을 하지 않고 자신만의 시공간으로 날아가 가장 아름답게 웃고 있을 자신을 만나고 있습니다. 한 시간이 훌쩍 지나갑니다. 학생들이 멋쩍은 듯 설핏 웃습니다. 저를 보고 웃습니다. 저도 웃습니다. 그날 쓴 학생들의 마음 힘 키우기 내용은 다음과 같습니다.

- 가슴이 막 뜁니다. 정말 이렇게 될 것 같아서입니다.
- 처음에는 장난처럼 시작했는데 그 자리에 서 있는 것처럼 기분이 좋습니다.
- 이 수업을 통해 제가 정말 하고 싶은 일이 무엇인지 알게 되었습니다. 정말 이렇게 되고 싶습니다.
- 새롭습니다. 아직 일어나지 않은 일이지만 생생하게 느껴지기 때문입니다.

레드카펫을 밟고 발표회장으로

이제 마지막 발표가 남았습니다. 수업이 어차피 하나의 상황극인데, 내 인생 최고의 날을 그냥 예사롭게 발표할 수는 없습니다. 먼저 PPT를 만듭니다. 그냥 달랑 종이 한 장 들고 말하기에는 가볍잖아요. 성공하신 분들인데. 컴퓨터실로 데리고 가서 제목 한 장, 내용 관련된 PPT 세 장, 그 정도만 만들면 됩니다. 물론 더 많이 만드는 학생이 많지요. 파워포인트를 만들면서 어떻게 말할 것인지 연습한다고 보면 됩니다. 가장 어울리는 사진들을 찾으면서 다시 미래로 여행을 합니다.

발표는 교실에서 한 명씩 나와서 다 합니다. 그런데 밋밋한 교실에서 할 수는 없지요. 꽃이나 풍선도 달고, 현수막도 만들어야지요. 이 중요한 날 당연히 사진사와 동영상 촬영도 있어야 합니다. 이 모든 일을 누가 해야 할까요? 당연히 학생들이 해야 합니다.

"스텝이 필요해. 도와줄 사람?"

"샘, 그거 하면 뭐 주나요? 생기부 기록해 주나요?"

이런 반응에 기분 나빠하시면 안 되겠지요? 우리가 그렇게 만들었으니까요.

"아냐. 아무것도 없어, 그냥 날 도와줄 마음으로 해야 해. 우리가 이렇게 중요한 행사를 하는데 미리 준비를 해야 되지 않겠니?"

의외로 많은 아이들이 자원을 합니다. 오히려 더 편하게 자원을 합니다. 어떤 대가를 바라고 하는 일이 아니기 때문에 당당하고, 스스로에게 자부심을 느낍니다. 학생들은 누구라도 돕고 싶어하고, 잘하고 싶어하고, 함께하고 싶어합니다. 그런 맘을 어이없게도, 그 부질없고 하잘 것 없는 생기부 교과세특[13]으로 적어준다고, 봉사시간 준다고 교사가 먼저 제안을 합니다. 그게 뭐라고, 교사가 제시하는 꿀을 꿀이라 여기지 않는 학생은 하고 싶어도 하지 못합니다. 그깟 것 때문에 하는 졸장부이고 싶지는 않습니다.

학생들은 아무 대가 없이 교사를 돕습니다. 아니 자신들의 무대를 꾸밉니다. 대략적인 방향만 제시하고 저희들이 알아서 준비하도록 합니다. 필요한 돈은 교사가 사비로라도 줍니다. 많이 주지 않아도 됩니다. 이미 수십 년의 세월을 상상해 본 아이들은 칠판의 풍선 그림 하나만으로도 하늘에 떠 있는 거대한 애드벌룬을 봅니다. 칠판에는 색분필로 '내 인생 최고의 날'이라 적고, 풍선도 날고, 바닥에는 레드카펫을 깝니다. 도화지 몇 장으로 붙인 레드카펫이지만 우리는 그곳을 가뿐히 걸어 들어와 주인공이 됩니다.

---

13) 고등학교 생활 기록부에 기재하는 '교과목 세부능력 및 특기사항'의 줄임말로 교과목과 관련된 활동 과정과 결과를 적은 기록을 말한다.

사회자가 소개를 하면 다른 학생들이 앞문을 열어줍니다. 그분이 오시잖아요. 당당하게 레드 카펫을 밟고 성공한 그분이 들어옵니다. 그는 18살의 고등학생이 아닙니다. 근엄하고 당당한 지점장입니다. 백발의 회장님이 허리에 뒷짐을 지고 들어옵니다. 정년 퇴임을 하는 선생님입니다. 목소리도 몸짓도 손짓도 그 나이와 그 지위에 맞게 바뀝니다. 모교의 후배들을 대상으로 자신의 성공 스토리를 말하는 예비 동문회장님은 목소리 톤까지 여유롭고 느긋하게 바뀌었고, 세계 최고의 참기름 회사 사장님의 이야기는 진짜 그런 인생을 살아온 사람처럼 생생하게 이야기를 풉니다. 그 이야기를 들으며 우리는 모두 축하와 폭죽이 터지는 기쁨의 식장으로 시간 여행을 합니다.

인생 최고의 날을 맞이한 이들이 청중에게 힘주어 말합니다.

"힘들어도 포기하지 마라, 자신을 믿어라, 지금 첫발을 내디디면 꿈이 이루어진다."

그것은 무엇을 할지 어디로 갈지 몰라 불안하고 걱정되는 자신들에게 건네는 위로와 격려의 메시지였을 겁니다. 프로젝트를 끝낸 학생들의 눈에 하나둘 등불이 켜지는 느낌. 나만 받았을까요?

저는 예전에 선배 교사들로부터
"교사는 학생에게 등대 같은 존재가 되어야 한다."
고 들었습니다. 먼저 살아 본 선생으로 낯선 길을 가는 아이들에게 한 줄기 빛이 되어주라는 말이겠지요. 물론 저 또한 그런 등대를 보면서 살아왔을 것입니다. 하지만 이제 저는 그 말을 바꾸렵니다.

"교사는 학생에게 자신의 마음속에 등대가 있다는 것을 가르쳐주는 존재가 되어야 한다."

'꿈'자를 건드리는 순간 현실이 됩니다

그때 발표한 학생의 식사문을 소개해 봅니다.

> 안녕하십니까. 오늘처럼 이렇게 후텁지근한 날씨에 저의 이야기를 듣고 싶어서 와 주신 여러분께 감사 말씀드립니다. 저는 사회복지사인 50세 김 OO이라고 합니다. 지금부터 제 이야기를 시작하도록 하겠습니다.
> 중학교 2학년 때 대구에 있는 학교로 전학을 왔습니다. 중3, 2학기 기말고사가 끝나고 원서를 쓸 시점이 되었을 때 D공고에서 홍보하러 선생님이 오셨습니다. 선생님의 말씀을 듣고 중학교 내신 40퍼센트인 전 인문계에 가면 비전이 없는 거 같아 담임선생님의 추천으로 D공고로 원서를 쓰게 되었습니다.
> D공고에 입학한 다음 날 학생회관에 가서 D공고 관악부의 신입생을 위한 연주회를 보았습니다. 연주를 보는 동안 닭살이 돋았고 마음속에선 무언가 일렁이는 느낌이 들었습니다. 저는 동아리 시간에 관악부로 들어갔습니다. 악기는 호른을 하게 되었죠. 고등학교 2학년이 되어 새 악기를 받으면서 호른에 대한 관심이 많아졌고 전공을 하고 싶다는 생각이 들 정도로 열심히 연습을 하였습니다. 하지만 악기 전공의 길이 너무 어렵다는 것을 알게 되면서 제 앞날을 악기 전공이 아닌 취업으로 잡아갔습니다.
> 저는 봉사를 정말 좋아합니다. 제 어머니가 젊었을 때 병원에서 자원봉사를 많이 하셨고 어려서부터 그런 어머니를 본 저는 고1 때 관악부 선배

를 통해 청소년 봉사 동아리에 가입하게 됩니다. 처음 봉사하는 곳에 가게 된 날 지체장애인분들을 보고 놀라게 됩니다. 그곳의 지체장애인분들은 그 당시 제 부모와 비슷한 연령대이신 분들이었기 때문입니다. 그래서 저는 그분들께 더욱 정이 갔었고 매일 감사하는 법을 배워갔습니다.

고3 저는 열심히 공부하고 준비하여 OO아연에 취업하게 됩니다. 1년 일을 하고 군대에 갔습니다. 군대에서 수류탄 폭발사고로 인해 동료 한 명이 크게 다치게 됩니다. 저는 얼른 가서 부축해주었고 제대하고 나서도 병원에 가서 재활 운동을 도와주고 말동무가 되어주었습니다. 고등학생 때 봉사했던 기억이 나면서 몸이 불편한 사람들을 위해서 일하고 싶어졌습니다. 저는 자원봉사단체에 가입하였고 주말마다 봉사를 하러 갔습니다. 봉사를 하다가 제 이름으로 된 요양원을 짓고 싶어진 저는 사회복지사의 꿈을 키웁니다. 저는 나이 40세에 야간 대학을 다니며 사회복지학과를 나와 사회복지사의 직업을 얻게 되었습니다. 열심히 일한 돈으로 대구에 요양원을 지어 저의 꿈을 이루게 되었습니다.

여러분

'꿈'자를 가슴에 너무 오랫동안 두지 마세요. 그 '꿈'자를 건드리는 순간 현실이 됩니다. 이상 사회복지사 김OO이었습니다.(김OO)

아버지 뛰어넘기

- 김소진 『자전거 도둑』 읽고 시 쓰기

자전거 도둑

　　김소진의 『자전거 도둑』은 '자식에게 맨살로 드러난 아버지의 무능함과 비겁함'을 다루고 있는 소설입니다. 소설 속에는 물건을 훔친 아버지 대신 뺨을 맞은 주인공 나, 자신의 잘못으로 오빠가 죽은 뒤 자전거를 훔치는 여자 서미혜, 자전거를 훔치다 사람들에게 몰매 맞는 아버지를 본 어린 브루노, 이렇게 상처를 가진 세 명의 인물들이 나옵니다. 소설 속 어린 자식은 항상 든든하고 힘 있던 아버지의 권위가 깡그리 무너지는 것을 보면서 갑자기 외롭고 쓸쓸한 어른이 되어 버립니다.

　　저는 이 작품을 통해 학생들이 아버지에 대한 복합적인 감정과 마주보게 하고 싶었습니다. 일반적으로 남자 아이에게 아버지는 절대적인 권위의 존재이자 억압과 부당한 권력의 존재입니다. 아버지는 울타리이자 벽입니다. 그들에게 아버지는 관습화된 사회이고 권력의 이데올로기이며 금기의 상징입니다. 그래서 어떤 방식으로든 아버지라는 벽을 넘어야 아이들은 독립적인 어른이 될 수 있습니다. 그 벽을 넘지 못하면 마마보이가 되든지 기존의 체제를 수용하지 못하는 이방인이 됩니다. 참고로 여기서 '아버지와 아이의 권력 관계'는 상징으로 이해해야 합니다. 현재의 '아버지'가 아니라 '아버지 자리에 있는 아버지'이고, 현재의 '나'가 아니라 '아이의 자리에 있는 아이'입니다. 현실에서는 어머니가 아버지 자리에 있는 가정도 많습니다. 아버지는 금기와 억압의 자리를 상징하는 존재입니다.

부모 자식 간의 갈등은 기성세대와 신세대의 갈등이자 한 아이가 성장하면서 겪는 당연한 성장통이라 할 수 있습니다. 하지만 알고 보면 아버지 또한 가족들에게 위로받고 싶은 나약하고 외로운 존재입니다. 세상 '아버지가 마시는 술에는 항상 보이지 않는 눈물이 절반'[14]이라는 시 구절처럼 그분들도 세상살이가 고달프고 힘듭니다. 누군가에게 기대고 싶습니다.

아버지는 어떠니?

학생이 지금 어떤 상태인지 궁금하면 이 질문을 하면 됩니다.
"아버지는 어떠니?"
"우리 아버지요? 그분도 불쌍한 분이에요."
이렇게 말하면 아이는 이미 철든 아입니다. 그에 비해 여전히 아버지를 무서워하거나 싫어하거나 원망하는 아이들을 봅니다. 아버지와 싸우고 있는 아이들이지요.

---

14) 김현승, 「아버지의 마음」

남자 아이가 아버지를 대결과 극복의 대상으로 생각하는 것은 지극히 정상적인 성장 과정입니다. 초등학교 때는 아버지라는 테두리 안에서 보호를 받았지만 중고등학생이 되면서 자신의 테두리를 갖고 싶은 욕망이 생기면서 아버지와 갈등을 빚습니다. 그때 아버지의 벽이 너무 높으면 즉 아버지의 권력이 너무 강하면 아이들은 자랄 수가 없습니다. 그래서 아버지는 살짝 키를 낮추어 자식이 큰 탈 없이 넘어갈 수 있게 도와주어야 합니다. 그런데 잘 안 그러시더라고요.

아버지,
고맙고도 미운,
감사하면서도 원망스러운 아버지.

저는 학생들이 한 번쯤 자신의 입장이 아닌 부모의 입장에서 생각해보고, 현실의 아버지를 있는 그대로 묵묵히 바라봄으로써 이해와 화해, 용서와 관용의 감정 샤워를 경험하게 하고 싶었습니다. 왜냐하면 아이들이 많이 힘들어하기 때문입니다. 왜 이런 감정인지 그 감정을 어떻게 처리해야 하는지 잘 모른 채 뜨거운 감자를 손에 쥐고 있는 아이들이 제법 많기 때문입니다.

"아버지에 대해 불만이 없는 아들이 어디 있니? 아들은 당연히 아버지가 맘에 안 들어야 해."
"저는 우리 아버지 불만 없는데요."
바로 반대 의견이 튀어나오네요.
"이건 일종의 상징이야. 아버지 세대와 자식 세대는 갈등할 수밖에 없다는 걸 말하는 거지. 아버지가 밉고 싫을 때가 있지? 그거 나쁜 거 아니야. 당연한 거야. 그래야 아버지를 뛰어넘지."

"그래서 홍길동이 가출을 하잖아요. 그죠 샘?"

"맞아, 홍길동의 가출은 사회적 요인도 있지만, 성장과 독립의 의미가 있지."

소설을 통해 인물을 이해하는 것을 넘어 자신의 현재 감정을 들여다볼 수 있도록 수업을 진행하고 싶었습니다. 그러려면 무언가를 써야겠지요? 시가 좋을 듯합니다. 그래서 교과서 본문 읽고 마인드맵으로 내용 이해하기 – 등장인물 분석 및 비평하기 – 시 쓰기 – 발표하기의 순서로 수업을 설계하였습니다.

여러 매체로 내용 정리하기

사건들	내용 이해 마인드맵(만화, 화살표, 글자 띕두 가능, 구체적으로 정리하기)	보완할 내용 (발표를 듣고)
현재 나의 이야기		
영화 「자전거 도둑」의 줄거리		
내 어린 시절의 이야기		

네 컷짜리 만화로 그리도록 하면 아이들이 참 잘합니다. 그림 솜씨와 상관없이 핵심을 잡아냅니다. 그런 면에서 네 줄 쓰기나 네 칸 그리기와

같은 작은 분량이 좋습니다. 자신도 모르고 군더더기를 버리고 알맹이만 취하게 하니까요. 읽고, 그리고, 나와서 발표하고, 한 시간 동안 반복적으로 내용을 정리할 수 있습니다. 내용 이해는 꼼꼼하게 한 번 읽는 것보다 속독하고 요약하고 발표하는 반복이 더 효과적입니다.

등장인물이 되어 보고 평가하기

이번 시간은 등장인물의 심리를 파악하고 평가하는 시간입니다. 여기에 저는 제법 공력을 들입니다. 솔직히 인물의 행동을 비판하고 평가하는 것은 어렵지 않습니다. 그러나 그렇게 평가하는 것보다 더 중요한 것은 등장인물에게 공감하는 과정입니다.

어떻게 하면 등장인물과 공감할 수 있을까요? 바로 그 사람이 되어보는 것입니다. 그 사람이 왜 그랬는지, 왜 그럴 수밖에 없었는지를 그 사람 입장에서 말해 보도록 하는 것이지요.

아래 표를 보면 주어를 '나'로 해 놓았습니다. '나'라는 말은 아주 쉽게 그 사람이 되게 합니다. 앞의 '나'는 등장인물 자신입니다. 내가 왜 그런 행동을 했는지 어떤 생각인지 직접 말합니다. 그에 비해 뒤의 '나'는 독자인 학생입니다. '당신은 이러저러 이야기를 하는데 내가 보기에는 이러저러하다.' 학생 자신의 잣대로 생각하고 평가하도록 합니다.

| 인물 | 그 상황에 처해 있는 인물들의 심정과 느낌을 추측하여 최대한 자세하게 적어보자.
(그때 나는 ~ 한 상황에서 ~ 하여 ~ 하였다.) | 인물들의 심정이나 행동에 대해 나(독자)의 생각과 느낌을 적어보자.
(나는 ~한 입장에서 당신의 ~한 행동을 ~고 생각한다.) |

<나의 어린 시절 이야기>

나	그때 나는	나는
아버지	그때 나는	나는
혹부리영감	그때 나는	나는

<영화 자전거 도둑 이야기>

아버지 안토니오	그때 나는	나는
아들 브루노	그때 나는	나는

<서미혜의 이야기>

서미혜 (과거)	그때 나는	나는
서미혜 (현재)	그때 나는	나는

'나는'이라는 주어를 사용하여 써 보면 등장인물들이 말을 걸어옵니다. 가난한 사람들을 대상으로 사기를 치는 혹부리 영감을 일방적으로 욕했는데 정작 혹부리 영감이 되어 보니 다른 마음이 듭니다. 자신이 훔치고는 자식을 도둑으로 몰아간 아버지의 눈물도 보입니다. 단지 칸을 하나 더 늘렸을 뿐인데 학생들의 생각은 깊어갑니다.

아버지 : 나는 그때 도둑질이 들켰다는 사실에 너무 정신이 없고, 어린 아이가 훔쳤다고 하면 용서해 줄 것 같아서 아들이 훔쳤다고 거짓말을 했

다.

　　아버지에 대한 내 생각 : 나는 당신이 아들을 도둑으로 모는 것을 보고 정말 실망했다. 설령 아들이 훔쳤어도 자기가 훔쳤다고 돌보아야 할 판에 자신이 도둑질을 하고 아들에게 떠넘기다니… 아버지로서의 자격이 없다고 생각한다.

　　등장인물의 입장이 되어 본 다음 현재 독자인 나의 관점으로 인물들을 평가합니다. '이해는 되지만 그건 옳지 않다. 이해도 안 되고 옳지도 않다. 그것은 아버지로서 해서는 안 되는 비겁한 행동이었다.' 다양한 생각들이 나옵니다. 칸이 부족하리만큼 많이 적습니다. 그 사람의 입장이 되어 본 뒤 평가하는 사람과 그 사람의 입장은 모르겠고, 내 관점만 주장하는 사람 사이에는 큰 간격이 있습니다.

시상의 두레박 건네기

　　시를 쓸 때 어떤 기준을 주나요? 저도 한때 운율과 비유, 혹은 상징 등을 조건으로 넣어 시를 쓰도록 한 적이 있습니다. 하지만 그렇게 시도한 시 쓰기의 결과는 그리 맘에 들지 않았습니다. 물론 비유와 상징을 익히는 데 직접 써 보는 것이 가장 좋은 방법이기는 합니다. 그런데 조건은 갖추었지만 심장이 없는 시들이 태반이었습니다. 왜 그렇지? 제가 저질러 놓은 일이란 것을 알면서도 서운하였습니다. 왜 이렇게 아이들은 시를 못 쓸까?

　　하지만 이제는 '시를 쓰는 이유가 무엇인가? 시 쓰기를 통해 아이들이 배우기를 바라는 것은 무엇인가?'를 먼저 묻습니다. 목표에 따라 방법을 달리하는 것이지요. 저는 '아버지에 대한 이해와 용서'를 이번 수업의 키워드로 잡았습니다. 그래서 시를 쓸 때 조건을 다음과 같이 제시하였습니다.

1. 자신만의 스토리 찾아보기
아버지(어머니)의 눈물을 본 경험, 강하다고 생각했던 아버지가 나약하고 무기력하게 느껴진 경험, 아버지(어머니)의 모습이 안타까웠던 경험, 아버지(어머니)를 위해 자신을 희생했던 경험, 자신이 가족의 가장으로 살아야 한다는 것을 알게 된 순간, 아버지(어머니)의 아픔을 위로해주었던 경험, 아버지(어머니)의 부당한 행동에 화가 났던 경험, 처음으로 아버지(어머니)의 슬픔을 이해하게 되었던 경험, 그 외 아버지(어머니)와 관계된 안타깝고 쓰라린 경험

한마디로 눈물 없이 볼 수 없는 신파를 요구했네요. 절대 좋은 이야기는 쓰지 말라 했습니다. 사랑해요, 감사해요, 행복해요 이딴 거는 쓰지 마라 했습니다. 왜? 그런 감정은 억압되지 않기 때문입니다. 좋고 긍정적인 감정은 자연스럽게 드러나고 절대 억압되지 않습니다. 그래서 가슴에 응어리로 남지도 않습니다.

그에 비해 말로 해서는 안 되는 감정들, 마음에 가지고 있는 것만으로도 죄의식이 느껴지는 감정들은 나오지 않고 저 안으로 눌려 들어갑니다. 저 깊은 곳에 있는 어두운 감정들을 불러 밖으로 나오게 해야 합니다. 그 감정들을 보면서 인정해 주어야 합니다. 아, 내가 그 사람이 미웠구나. 그때 내가 화가 났구나 하고 알아주어야 합니다. 그러면 다 녹습니다. 사르르 사라집니다. 그런 감정을 이야기하는 것이 나쁜 것이 아니라는 것을 교사가 말해 주어야 합니다.

"그런 감정을 가지는 것이 절대 나쁜 것이 아니야. 너의 감정을 인정해 줘."

2. 기억 하나하나 소환하기

다음 질문에 답하면서 경험을 보다 구체적으로 기억해 내고, 자신의 느낌과 생각을 세밀하게 표현해 보자.

1) 언제(몇 살, 몇 학년, 계절, 밤낮, 몇 시)인가?
2) 어디였나?(아주 구체적인 장소, 장소를 드러낼 수 있는 물건이나 이름)
3) 누구와(나와의 관계, 감정적 상태)
4) 어떤 상황인가?(왜 그랬나? 어떤 단계를 거쳤는가? 몸짓, 행동, 말, 표정, 눈빛 등)
5) 그때 나의 느낌과 생각은?(세밀하고 구체적으로)
6) 그때 상대방의 기분과 생각은 어떠했는가?
7) 지금 다시 그때를 생각하면서 나의 느낌은?
8) 그대로라면(혹은 바뀌었다면) 왜 그러할까?

감정과 기억이 저 깊은 곳에 숨어 있기 때문에 그들을 마중 나가는 두레박이 필요합니다. 그것이 2번 질문입니다. 마치 시간 여행을 떠나는 계단을 밟듯이 물어봐 줍니다. 그렇게 해서 한 시간만에 뚝딱 써낸 시를 소개합니다.

아버지, 고맙고도 미운

가방끈

이민우

학교를 자퇴하고 집에서 컴퓨터를 하고 있는데 아버지한테 연락이 왔다. 같이 일 좀 하자고 해서 차를 타고 고객 사무실에 갔다. 작업을 하고 있는데 고객이 와서 아버지께 나에 대해 물으시기에 아버지가 "아들이고 지금 고1인데 학교를 그만 두고 다른 학교로 가려고 준비 중이다"라고 했다. 그렇게 짧은 얘기를 하다가 고객 친구분이 와서 아버지께 어느 지역을 묻다가 아버지가 어렸을 때 살던 곳 얘기가 나왔다. 고객이랑 고객 친구분이랑 얘기를 하다가 아버지한테 학교 어디까지 나왔냐고 물었다. 아버지는 "가방끈이 짧습니다."라고 하고 다시 일하기 시작했다. 아버지는 앉아 있는 나에게 빨리 오라며 화를 냈다. 나는 퍼뜩 일어나서 아버지한테 갔다.

저는 이 시가 참 좋습니다. 마치 백석 시 같습니다. 딱 필요한 시간대만 잘라낸 영상 같습니다. '나는 퍼뜩 일어나서 아버지한테 갔다'에서 느껴지는 아이의 본능적인 감정 보이나요? 학생은
"어? 저 그런 거 생각 안 하고 썼어요."
라고 놀랍니다.
"원래 시라는 것이 그래. 네가 알아차리기 전에 시가 먼저 알아차리

지. 잘 썼다." 칭찬해 주었습니다.

미운 사람

김정렬

어렸을 땐 무섭고 엄하게만 느껴지던 사람
꽉 막히고 놀 줄 모르고 보수적인 사람으로만 보이던 사람
그 사람의 말이 법으로만 느껴지기도 했던 어린 시절

내 머리가 점점 크면서
옛 기억이 남았는지 말하기도 싫고
같이 있기도 싫던 때가 있었다
저렇게 꽉 막힌 사람이 또 있을까
생각도 했었던 그 시절

요즈음엔 작아 보일 때도 있는 그 사람
그럴 때면 어깨에 손 한번 올려보고도 싶지만
그럴 때면 옛 기억이 내 손을 붙잡는다
졸업식 때 아빠 어깨에 손 한 번 올릴 수 있을까

이 학생이 시를 따로 배웠을까요? 그렇지 않습니다. 그런데 보세요. 3연으로 나누어 감정의 변화가 아주 잘 나타나 있습니다. 이 학생은 '졸업식 때 아빠 어깨에 손 한 번 올렸을까요? 모르겠습니다. 그런데 몇 년 뒤

어느 온천에서 저에게 반갑게 인사하는 이 녀석을 만났습니다.

"어쩐 일이야?"

"헤헤, 아버지랑 온천 왔어요."

아버님과 인사를 하며

"좋으시겠어요. 아들하고 같이 오셔서." 했더니

"아~주 좋습니다."

아버지가 아들의 어깨에 팔을 얹습니다. 아들이 히히 웃습니다. 부자 사이가 정말 다정해 보였습니다.

아버지는 늙고 계신가 보다

김영근

우리 아버지는 젊으셨을 때는 불의를 보면 소리를 치시고 화도 잘 내셨다. 그런데 내가 고1 때였다. 아버지는 불로동 전통시장 중앙지점으로 차를 몰고 가고 계셨는데 한 젊은 사람이 골목에서 갑자기 끼어들었다. 그리고 우리 아버지에게 십 원짜리 욕, 상욕, 욕이란 욕은 다 퍼부었다. 그런데 원래대로면 맞받아서 욕을 하실 텐데 웬일로 듣고만 계시고 한마디도 못하신다. 나는 그렇게 무기력하게 한마디도 못하는 아버지를 보고 '아버지가 늙고 계신가 보다'라고 생각했다. 내가 알던 아버지는 땅땅!! 소리치시며 사시던 분인데 그날 내가 본 아버지는 늙어서 이빨 빠진 호랑이를 보는 거 같아 너무 당황스러웠다.

나이 드는 아버지를 바라보는 아들의 마음이 아주 잘 드러납니다. 그 변화가 익숙지 않아 '당황'스럽죠. 그 다음의 감정은 아예 잘라내고 없습니다. 머리로 하는 판단이나 교훈 같은 군더더기가 없습니다. 시를 쓸 때 한마디만 해 주면 아이들이 금방 배웁니다.

"야, 감정 단어 쓰지 마."

"감정 단어가 뭐에요?"

"슬프다. 기쁘다. 우울하다. 행복하다. 이런 것들이지. 이런 단어를 쓰지 말고 독자가 그 감정을 느낄 수 있게 상황을 보여주기만 해. 너희 입에서 감정 운운 하고 나오면, 죽는다아~. 누가? 시가."

소주 두 병

서창석

학교 수업이 끝나고
10시간이 지났다
7시간 째
핸드폰을 꺼두고
연락을 안 했다
친구와 헤어지고
집에 들어갔다
가족이 다 잘 거라는
나의 예상과는 달리
아버지가 나를 기다리고 계셨다
아버지는 나를 올려다보시고

의자에 앉으라고 하셨다
아버지는 한동안
말이 없으시다가
일찍 일찍 다니라 하시고
냉장고에서
소주 두 병을
꺼내신다

아버지는 어떤 말을 삼켰을까요? 아들은 어떤 감정을 삼켰을까요? 실컷 보여주었는데 이런 말을 쓰는 제가 지금 헛일을 하고 있습니다. 실컷 보여주는데 다시 설명하는 바보 같은 짓을 하고 있네요.

학생들은 이 수업 이후 이런 평을 남겼습니다.

- 아버지를 좀 더 이해하게 되었고, 아버지에 대한 미움이나 원망이 좀 사라진 것 같다.
- 소설을 읽을 때 등장인물에게 공감한다는 것이 무엇인지 알 것 같다.
- 시를 쓰고 나서 내가 좀 더 철이 들었다. 왜냐하면 아버지가 왜 그렇게 행동했는지 좀 알 거 같아서이다.

내 것 내가 먹는데 누가 뭐래

- 김유정 『만무방』 읽고 모의재판하기

막돼먹은 사람

『만무방』은 1935년에 발표된 김유정의 단편소설입니다. '만무방'은 '염치없이 막돼먹은 사람'이란 의미로 일반적으로 부정적으로 쓰입니다. 이 소설의 주인공인 형 응칠은 원래 농민이었지만 농사를 지어봤자 아무것도 남지 않자 농사를 포기하고, 도박과 절도로 일확천금의 허황된 꿈을 꾸는 부랑자 신세입니다. 그에 비해 건실한 농군인 동생 응오는 올해도 열심히 농사를 짓습니다. 그런데 다 지은 벼를 누군가가 밤중에 훔쳐갑니다. 비록 부랑자 신세지만 동생의 사정이 안타까워 형 응칠은 밤새 망을 서 도둑을 잡습니다. 그런데 이런, 그 도둑은 바로 그 논에서 농사를 짓던 동생 응오였습니다.

일 년 내내 농사를 지어도 지주에게 다 빼앗기는 일제 강점기 소작농들의 삶을 비극적으로 보여주는 작품입니다. 성실한 모범 농군인 응오가 "내 것 내가 먹는데 누가 뭐래?"라고 말할 때 독자는 강한 연민과 부당한 것에 대한 분노를 경험하게 되지요.

『만무방』을 어떻게 가르칠 것인가는 교사마다 다릅니다. 대부분은 줄거리 파악 – 인물 이해 – 주제 이해를 기본으로 가르칩니다. 저는 여기서 좀 더 나아가 학생들이 자신의 현재 삶을 성찰하는 것까지 수업 시간에 이루어져야 한다고 생각했습니다. 즉 등장인물들의 삶을 통해 문제 상황의 현재성을 파악하여 자신의 삶을 성찰하고 문제를 해결하는 방안을 고민할 수 있어야 하는 것이지요.

그래서 『만무방』 수업의 일차 목표를 등장인물에 대한 이해와 공감으로 하고, 현재 우리 사회에서 일어나는 비슷한 상황에 대해서도 문제 제기하고 바람직한 삶의 방식에 대해 성찰하고 탐색하는 것을 이차 목표로 설정하였습니다. 이를 위해 소설 내용을 토대로 모의재판 수업을 진행하였습니다.

[전체 수업 전개]
소설 내용 파악하기 - 모의재판 준비하기 - 모의재판하기 - 판결문 쓰기

도둑을 잡아라

1차시 소설 읽기는 "홈즈의 돋보기, 도둑을 잡아라."라는 제목으로 추리 형식의 읽기를 시도하였습니다. 방법은 교사가 임의로 페이지를 정해 주고 그 부분만 읽게 합니다. 그리고 추리하게 하는 거지요. 무슨 일이 일어날까? 사건이 일어납니다. 누가 범인일까? 일종의 '부분 훑어 읽기' 형식이지만 사건이 그리 복잡하지 않기 때문에 한 차시 동안 사건 전체의

흐름을 잡고, 중요한 갈등 구조를 학생 스스로 파악할 수 있습니다. '부분 훑어 읽기'는 소설의 분량이 주는 거부감을 극복하고, 문제의식과 긴장감을 가지고 읽을 수 있고, 인물들의 행동을 근거로 추리할 수 있는 즐거움을 줄 수 있습니다.

　2-4차시 수업은 모의재판 형식을 수업에 도입하였습니다. 지주가 응오를 고소하는 가상 상황을 설정해 배심원을 두고 원고와 피고가 각자 정당성을 피력하는 모의재판을 하는 것이지요.

　이를 위해 2차시에는 모둠별로 역할을 정하여 자신들의 주장에 필요한 근거들을 찾고, 상대방의 논리에 대응할 방법을 모색하도록 하였습니다.

　　1) 희망대로 모둠별 역할(지주편-검사, 응오편-변호사)을 정한다.
　　2) 모둠이 맡은 입장에서 주장과 근거를 만들거나, 질의할 문항과 대답할 내용을 준비한다.
　　3) 나머지 모둠원은 배심원 역할을 하게 되며 대표자가 보조 발언을 요청할 때 보조 발언할 수 있다.

　3차시에는 모둠 대표가 나와 직접 모의재판을 진행합니다. 모의재판을 하는 이유는 무엇인가요? 재판이라는 형식을 익히기 위함일까요? 아닙니다. 모의재판을 통해 학생들은 갈등의 요인을 분석하고 특정 상황에서의 행동에 대해 평가하면서 생각의 폭을 넓히게 됩니다.

　모의재판은 교실 상황에 맞게 형식을 간소화시킵니다. 그래도 영화나 드라마를 활용하여 미리 재판 과정을 이해하게 합니다. 모의재판이 낯설기 때문에 교사는 발표순서와 방법을 미리 지도하고, 시간 때문에 발표를 중단하지 않도록 시간 운영을 잘해야 합니다. 발표자가 충분히 자신의 의견을 말할 수 있도록 하고, 감정적인 충돌이나 자극적인 언어로 재미 위주로 흘러가지 않도록 신경을 써야 합니다. 그런데 재판 이전에 발표자들이 자료 조사를 철저하게 하고 논리적 대응을 잘하도록 지도하면 절대로 샛길로 빠지지 않습니다. 대부분의 수업이 그러하듯 할 말이 준비되면 학생들은 금방 몰입하고 준비한 이상으로 발표를 잘합니다. 혹 준비가 부족하거나 논리가 부족하다 싶으면 배심원 중에서 흑기사가 나타나 도와주어도 좋습니다. 형식에 얽매이지 말고 학생들이 충분히 말을 할 수 있도록 하는 것이 훨씬 재미있습니다.

응오는 죄인인가?

[모의재판 공고문]

> 응오가 타작을 하지 않고 몰래 벼를 훔쳐갔다는 사실을 알게 된 지주는 응오를 고소하였다. 지주는 다음과 같이 주장하였다.
>
> * 응오는 타작을 하지 않아 소작농으로서의 의무를 다하지 않았다.
> * 응오는 소작료를 내지 않고, 지주의 재산을 허락 없이 훔쳐갔다.
> * 따라서 응오는 소작료와 추가의 배상금을 지불해야 한다.

재판의 절차는 수업 시간에 맞게 간략하게 만들었습니다.

[모의재판 절차]

모의재판 절차	활동 내용
최초변론 (사건 개요, 주장 확인)	출석 및 이름 확인한 뒤, 사건의 전개과정을 전혀 알지 못하는 배심원들을 대상으로 원고는 사건이 어떻게 전개되고 그 결과가 어떠한지를 소개한 뒤 어떤 손해를 입었으며 어떤 배상을 청구(요구)하는지를 밝힘. 피고는 원고의 주장에 반론을 펴며 자신의 배상 책임이 없음을 주장.(원고 먼저, 피고 나중)
지주(원고)에게 질문 (사실 확인과 반박 및 옹호)	피고측 변호인은 원고에게 구체적인 사건 과정에 대해 하나하나 질문하고 반박하여 원고의 요구가 부당함을 밝히고, 원고측 변호인은 원고에게 자신의 입장을 변호할 수 있는 질문을 함.(피고측 먼저, 원고측 나중)
응오(피고)에게 질문 (사실 확인과 반박 및 옹호)	원고측 변호인은 피고에게 구체적인 사건 과정에 대해 하나하나 질문하고 반박하여 피고의 주장이 부당함을 밝히고, 피고측 변호인은 피고에게 자신의 입장을 변호할 수 있는 질문을 함.(원고측 먼저, 피고측 나중)
최후변론 (감정에 호소, 논리로 설득)	원고와 피고측이 자신의 주장을 마무리하는 것으로, 배심원의 감정에 호소하거나 논리적 전개로 설득시킴.(원고 먼저, 피고 나중)
배심원 평결	판사가 배심원에게 의견 표명의 기회를 준 뒤, 거수로 평결을 확인함.
판결하기	재판장이 판결을 내림.

재판장

피고 : 응오   원고 : 지주

피고측 변호사 2인   원고측 변호사 2인

배심원

당시 재판 상황을 볼까요?

변호사 : 피고 응오에게 묻겠습니다. 당신은 당신 논의 벼를 밤에 몰래 거두었습니다. 사실입니까?

응　오 : 네 사실입니다.

변호사 : 왜 그랬습니까?

응　오 : 저는 정말 농사를 열심히 지었습니다. 그런데 타작을 하자마자 지주가(옆에 있는 지주를 가리키며) 다 가져갑니다.

변호사 : 농사를 지은 사람은 당신인데 왜 저 사람이 다 가져갑니까?

응　오 : 제가 소작농이기 때문입니다. 남의 논을 빌려 농사를 지으니 소작료를 내야 하지만 그 소작료가 너무 많아 우리는 먹을 게 하나도 남지 않습니다.

변호사 : 그래도 빈은 가져와야 하지 않습니까?

응　오 : 그렇게 되었으면 제가 이렇게 억울하겠습니까? 소작료에, 작년에 빌린 쌀에 이자가 눈덩이처럼 붙어 저에게는 정말이지 단 한 톨의 쌀도 돌아오지 않습니다.

변호사 : 아니 그럼 어떻게 먹고 삽니까?

응　오 : 그러니 타작을 안 하는 겁니다. 타작을 하는 순간 다 지주 창고로 들어갈 테니까요.

변호사 : 아내가 아프다고 들었는데요.

응　오 : 네, 지금 제 아내는 사경을 헤매고 있습니다. 약이라고는 얼마 전에 잡은 뱀 한 마리밖에 없고 병은 점점 심해지는데 당장 먹을 것도 없는데 제가 할 수 있는 방법이 이것밖에 없었습니다.

변호사 : 이상입니다.

상황이 예상되지요? 검사는 나와서 응오의 행동이 잘못되었다는 것을 증명합니다. 검사는 소작농은 당연히 소작료를 내야 하며, 사정이 딱하지만 그렇다고 남의 벼를 훔치는 것은 범법 행위임을 강조합니다. 나름대로 자신들의 논리를 준비해 온 발표자들 덕분에 학생들은 소설 전체 내용을 확실하게 이해하게 되고 응오의 행동에 대해 나름의 판단을 하게 됩니다.

재판 과정에서 응오와 지주의 갈등이 단지 개인과 개인의 갈등이 아님을 학생들이 알게 됩니다. 그것은 법과 생존, 수탈 시스템에 대한 농민의 저항이라는 범주로 확대되고, 자연스럽게 악법도 지켜야 하는가? 와 같은 오래 묵은 명제와 대면하게 합니다. 과연 국가란 무엇이며 법이란 무엇인가? 학생들은 응오라는 구체적인 인물을 넘어 더 큰 질문을 마음속에 던지게 됩니다.

최종 판결은 배심원들이 합니다. 원고와 피고의 입장을 충분히 이해한 배심원 학생들은 친분을 떠나 논리적 타당성에 입각해 한 표를 행사합니다. 그날 모의재판에서는 '응오가 소작료와 함께 추가 배상금을 물어주어야 한다.'에 찬성 40% 반대 60%로 판결이 내려졌습니다. 어느 한쪽도 밀리지 않는 팽팽한 논리가 맞서면서 아주 풍성한 재판이 되었습니다.

현재도 소설 같은 일이

4차시에는 모의재판 결과를 토대로 한 편의 판결문을 작성합니다. 이때는 소설 속 문제 상황과 유사한 현재의 사건을 연계하여 자신의 생각을 논리적으로 쓰도록 합니다. 조건은 아래와 같습니다.

과연 오늘날에도 『만무방』과 같은 일이 일어나고 있을까? 그렇다면 그 사람을 우리는 어떻게 평가해야 할까? 그런 문제의식을 가지고 판결문을 작성하는 것이지요. 소설을 배운다는 것이 활자로 된 작품을 읽는 것을 넘어 현재적 삶에 대한 질문과 해답을 얻는 계기가 되어야 한다는 목표에서 설계되었습니다.

[만무방 모의재판 판결문 작성하기]

논제 : "응오는 지주에게 소작료와 배상금을 모두 지불해야 한다."에 대해 <조건>에 맞게 주장하는 글을 쓰시오.

조건 : 1. 찬성 또는 반대를 정하고 그 근거를 제시하기
2. 아래 제시문의 상황을 글 속에 꼭 넣기

<제시문>

임금체불 앙갚음?…서글픈 '생계형' 공사장 절도들

임금체불 등에서 비롯한 '생계형' 공사장 절도가 잇따르고 있다. 우리 사회의 쓸쓸한 단면이 드러나고 있다는 평가다.

광주 서부경찰서는 지난 11일 공사장에서 구리전선 등을 훔친 혐의로 A(29)씨에 대해 구속영장을 신청했다. 경찰에 따르면 A씨는 지난해 11월부터 최근까지 30여 차례에 걸쳐 4,500만 원 상당의 구리전선, 동 배관 등을 훔친 혐의를 받고 있다.

조사 결과 A씨는 생계를 위해 전선과 배관을 훔치기 시작한 것으로 전해졌다. A씨는 10대 후반부터 공사장에서 일을 해 왔는데 그가 갑자기 일터를 범죄 대상으로 삼은 것은 '임금 체불'에 대한 불만 때문이었다.

A씨는 경찰 조사에서 "월급날만 손꼽아 기다렸지만 사장들은 갑자기

연락을 끊거나 원청업체가 돈을 주지 않는다고 몇 달씩 지급을 미뤘다. 나중에는 부도가 났다고 체불을 하기가 일쑤였다."고 털어놓은 것으로 전해졌다.

충남 예산경찰서도 11일 공사 현장에서 일을 하고 임금을 받지 못했다는 이유로 공사장 내 창고에 보관 중인 건설 공구를 절취한 C씨(43)를 절도 혐의로 검거했다.

경찰에 따르면 C씨는 지난달 7일 밤 8시께 예산군 응봉면 소재 모 요양원 창고에 보관 중인 전동 드릴 등 시가 300만 원 상당을 절취한 혐의를 받고 있다. C씨는 범행 이유에 대해 "인테리어 업자가 일을 시키고 임금을 주지 않았기 때문"이라고 진술한 것으로 전해졌다.(헤럴드경제, 2014. 2. 14)

위의 제시문을 보면서 학생들이 안타까워합니다. 『만무방』의 상황이 현재에도 일어나고 있으니까요. 예전 같으면 별 생각이 없거나 그냥 나쁜 짓이라고 매도하고 말 것이지만 이제는 한 번 더 생각하게 됩니다. 쉽게 대답이 나오는 문제가 아닙니다. 수업은 지금 바로 답을 요구하지 않습니다. 다만 스스로 질문하게 하는 것이지요. 교사는 사안마다 답을 주는 사람이 아닙니다. 학생이 스스로 질문하도록 만드는 사람입니다.

내가 쓴 판결문

나는 응오가 지주에게 소작료와 배상금을 지불할 필요가 없다고 생각한다. 오히려 지주가 응오를 포함한 모든 소작농에게 인권 침해로 배상을 해야 한다. 내가 응오 같은 직업을 갖게 되어서만은 절대 아니다.

응오처럼 모든 것을 빼앗겨야 하는 사회 구조에서 지주의 손을 들어줄 경우 지주의 횡포가 더욱 거세지고 사람보다 돈을 더 중요하게 여기는 사회가 되고 말 것이다. 먹을 것이 없어 빚을 내고 빚 때문에 한해 농사의 결과물을 모두 빼앗기는 악순환은 응오와 같은 소작농을 노예의 삶으로 만들어 버린다. 계약이란 명목 아래 다른 지주 또한 선택권이 없는 응오 같은 소작농들에게 합법적으로 돈을 갈취하다 보면 이로 인한 빈부 격차는 후세대의 교육, 직업 등 되물림 현상이 일어나 자손 대대로 똑같은 삶을 살게 한다.

응오가 비양심적 인물이어서 소작료를 떼어 먹은 것이 아니다. 소작료는커녕 당장 먹을 밥조차 없는 가난한 상황은 지주가 너무 많이 수탈하여 일어난 일이다. 이런 상황을 만든 장본인이 지주이기 때문에 지주는 응오와 다른 소작농들에게 마땅히 배상을 해 주어야 한다.

개인적으로 빈부 격차는 인류 역사에서 가장 악독한 병이라 생각한다. 실제로 우리나라는 급격한 경제 성장의 부작용으로 빈부격차가 심해졌고 지금도 진행 중이며 결국 신분제나 다름없는 경제적 신분을 만들 것이다. 빈부 격차는 가난한 사람들에게서 기회를 빼앗는 것이라 봐도 무방하다. 신문 기사에 나오는 A씨도 임금이 체불되어 생계를 위해 절도한 사람이다. 응오와 똑같은 처지라고 할 수 있다. A씨를 절도죄로 처벌한다면 지주의 잘못은 말하지 않고 응오의 행위만 문제삼는 것과 똑같다 할 수 있다.

나는 노동자의 인권을 중요하게 여기는 사람이다. 왜냐하면 사회에서 피지배층의 대부분은 응오처럼 생산직 등의 고된 직업을 가지고 있고, 나를 포함한 내 주변의 사람들 또한 그런 직업을 갖고 있거나 갖게 될 것이기 때문이다. 피지배층의 인권보다 지주를 옹호하는 사회는 건강하지 않다고 생각한다.

결론적으로 지주는 사람을 막 부려먹고도 쌀도 제대로 안 주는데다가 계약이란 명목으로 합법적인 비도덕 행위를 저지르고도 모자라 빈부격차를 벌리는데 한 몫 하였기 때문에 소작농들에게 배상해야 마땅하다. 다르게 보면 약자와 강자의 대결인데 어찌 강자의 편을 들겠나. 약자이면서 지주의 손을 든다는 건 현실에서는 자신들의 목에 칼을 겨누는 것인 줄 알아야 한다.(김00)

소설 속 응오와 기사의 A씨 그리고 앞으로의 자신의 처지가 함께 글 속에 있습니다. 소설 읽기는 단지 텍스트를 읽는 것이 아니라 내가 딛고 있는 현실을 읽는 활동임을 학생들이 맛보고 있음을 알 수 있습니다.

책을 읽었으니 책대로 해 보자

- 한 학기 한 권 읽고 서평쓰기

한 권을 다 읽나요?

첫해에는 한 학기 두 권 읽기를 했다가 낭패를 보았습니다. 첫 번째 읽기는 학생들이 매우 만족했습니다. 전적으로 자신이 읽고 싶은 책을 읽게 했고, 매시간 읽고 독서 일기를 쓴 후 A4 한 페이지 분량의 독후감을 썼거든요. 두 번째 읽기는 모둠 읽기를 시도했습니다. 모둠별로 한 권을 정해 읽고 모둠 대화를 하고 그 결과물로 다시 A4 한 페이지의 독후감을 제출하도록 했습니다. 두 번째는 결과물도 그렇고 과정도 힘들었습니다. 왜 그랬을까요? 모둠 읽기의 소소한 단계를 고려하지 않고 제대로 가르치지 않았을 뿐만 아니라 시간이 부족해 제대로 읽지 못하고 개인적으로 독후감 쓰는 과제로 마쳤기 때문입니다. 학생들은 어려워하고 별로 배운 것이 없었지요.

그래서 바꾸었습니다. 원래 취지대로 '한 학기 한 권만 모둠 읽기로 하자'로. 전체적인 틀은 아래와 같습니다.

[전체 일정표]

차시	활동 내용
1	서평쓰기 수업 소개 및 관심 영역 살피기
2	모둠별 도서 선정하기
3-6	책 읽고 독서활동지 작성하기 (10분 읽고 2분 막 쓰기, 모둠 대화)
7	모둠별 미션 정하기 (책대로 한다)
8	모둠 책 내용 정리 및 발표
9	책과 나 (인상 깊은 구절과 이유)
10	책과 사회 (키워드 검색)
11	책대로 한다 (모둠 미션 보고서 작성)
12	서론과 결론 쓰기
13	돌려 읽고 퇴고하기
14	서평 제출하기

한 권 읽고 A4 5매의 서평을 쓴다? 이미 이렇게 하고 계신 분도 많이 계시지만 처음 하려고 생각하면 의아심이 듭니다. 학생들이 이걸 해 낼까? 저도 걱정이 되었습니다. 하지만 이왕 하기로 마음먹었으니 해 봐야지요. 모든 프로젝트 수업이 그러하듯이 첫 동기유발이 중요합니다. 저는 아예 글을 적어 학생들에게 읽어주며 설명하였습니다. 이렇게요.

우리가 서평을 쓴다고요?

1. 한 학기 동안 한 권의 책을 읽고 한 편의 서평을 씁니다.

서평(book review)은 책의 내용과 특징을 소개하거나 책의 가치를 평가한 글입니다. 즉 한 권의 책에 대해 객관적인 정보(책의 줄거리와 등장인물, 대략적인 내용 요약, 작가 소개 등)와 함께 주관적인 평가(책을 읽은 소감, 책의 내용이나 가치에 대한 평가 등)를 곁들여 소개하는 글입니다.

그건 전문가만 쓴다구요? 아닙니다. 여러분이 친구에게 영화를 소개하는 말도 서평과 거의 비슷합니다. 그리고 잘 못쓴다고 걱정할 필요가 없습니다. 배우지 않아서 모르는 것이니까요. 그래서 이 수업이 필요합니다. 1학기 동안 서평쓰기를 배워 여러분도 멋진 서평가, 음악평론가, 운동평론가, 요리평론가, 게임평론가, 사회평론가가 될 수 있습니다.

2. 서평과 독후감이 어떻게 다를까요?

독후감이 책의 부속물이라면 서평은 책의 새로운 동반자입니다. 예전 여러분이 쓴 독후감은 주로 책을 읽게 된 동기, 줄거리 요약(이게 대부분임), 짧은 감상으로 이루어졌습니다. 하지만 서평은 책에 대한 소개보다는 책을 읽은 여러분의 느낌과 평가, 창조적 적용이 더 중요합니다. 그래서 이번 서평쓰기에서는 내용의 70% 이상을 자신의 이야기로 남고 인용은 30% 미만으로 기준을 정했습니다. 무엇으로 내용을 다 채울까요? 걱정 마세요. 매시간 책을 읽고 활동지를 채우면서 여러분은 충분히 쓸거리를 찾아내고 구체화시켜 넉넉하게 쓸 수 있게 될 겁니다.

3. 서평의 분량이 궁금해요.

서평은 A4 용지로 5장을 쓰게 됩니다. 이미 여러분은 1학기 때 자서전 쓰기를 통해 긴 글쓰기를 충분히 경험하였습니다. 서평쓰기도 결국 '막쓰기'에서 출발하는 것이고 주제로 집약되도록 마무리하면 되는 글쓰기입니다. 오히려 명확한 주제가 있고, 한 권의 책이 있고, 책의 키워드가 제시되기 때문에 자서전쓰기보다 방향잡기나 생각 풀어내기가 훨씬 쉬울 수 있어요. '한 발 한 발 걸어가니 어느새 목적지에 도착하였다.'는 말처럼 한 시간 한 시간 충분히 활동하면 어느새 서평 하나 완성하는 자신을 만나게 될 겁니다. 충분히 재미있고 가치 있는 시간이 될 거예요.

이 외에도 모둠 구성 방법, 모둠별 미션, 전체 수업 일정이 더 들어있습니다. 이것에 대해서는 지금부터 상세히 살펴보겠습니다.

모둠 정하고 책 고르기

도서 선정은 전적으로 학생들에게 맡겼습니다. 자신들이 읽고 싶은 책으로 하되 관심이 비슷한 아이들을 모둠으로 묶는 것이지요. 그러기 위해서는 자신의 관심 영역을 살피는 시간이 필요합니다. 첫 시간 한 학기 동안의 수업 개요를 설명합니다. 그리고 마인드맵으로 자신이 가장 관심 있는 영역을 찾아보게 합니다. 나누어주는 도서 영역을 참고로 하여 두 개의 영역을 선택합니다. 영역은 도서 분류 영역을 제가 약간 손본 것으로 제시하였습니다.

<도서 분류 영역>

한국사·세계사, 환경·생태, 인물, 교육·육아, 심리, 법·정치, 윤리, 과학·기술, 물리, 화학, 생물, 지구과학, 수학, 공학, 뇌, 사회·문화, 여행·유학, 경영, 경제·국제경제, 자기관리·계발, 성·가정, 예술·미학, 미술·사진, 음악, 건축, 영화·드라마, 문학, 미용·패션, 직업, 음식, 운동

번호와 관심 영역을 쓴 포스트잇을 2장 칠판에 붙입니다. 이것을 종류별로 분류합니다. 분류한 것을 학생들이 나와서 보게 합니다. 자신과 같은 팀에 누가 있는지 확인합니다. 도저히 같은 팀으로 하고 싶지 않은 학

생들을 묶어 놓을 수 없겠죠?

"지금 하는 모둠하고 평생 살라는 거 아니야. 책을 가지고 여러 활동을 할 거니까 책을 보고 결정해. 사람이 아니라 책이 기준이야."

"두 개의 포스트잇 중 하나를 떼어가. 칠판에 남아 있는 것으로 모둠을 정할 거야."

학생들이 자신만의 이유로 한 장을 떼어냅니다. 이제 모둠이 정해집니다. 모둠 인원은 3-5명까지 가능합니다. 나머지의 경우에는 어떤 식으로든 바꾸어야 합니다. 선생님은 기다려주면 됩니다. 모둠이 정해집니다. 학생들의 불만이 거의 없습니다. 관심 영역 혹은 관심 친구 둘 중의 하나를 충족했으니까요.

모둠 친구들은 같은 관심사로 모였습니다. 건축, 음악, 요리, 만화, 법, 로봇, 별, 춤, 미용 등등 책은 저희들끼리 정합니다. 인터넷을 검색합니다. 서문도 읽고 작가도 알아보고 리뷰도 읽습니다. 아주 쉽게 결성되기도 하고 한 시간이 모자라 쉬는 시간까지 열띤 토론을 하기도 합니다. 선생님은 그냥 큰 방향만 정해줍니다. 기다리면 됩니다.

한 모둠에서는 자그마치 45,000원짜리 책을 구입하기로 결정을 했습니다. 요리팀이었습니다.

"정말 이렇게 비싼 걸 살 거야?"

"네, 이건 파티셰가 되려는 사람의 교본이거든요."

"멋지구나."

만약 선생님이 이 책을 권한다면 학부모 민원이 바로 들어오겠지요.

많은 선생님이 학생들 책 구입 때문에 고민을 합니다. 억지로 강요하기도 그렇고, 책 없이 수업하기도 그렇다고 합니다. 그런데 기준은 분명합니다. 읽기 수업에 책은 필수입니다. 무조건 갖추어져 있어야 합니다. 그래서 학생들이 아무 소리 없이 책을 사도록 만드는 것이 수업의 첫 단추입니다. 자발적으로 책을 고른 아이, 제 돈을 들여 구입한 아이는 책을 읽으려는 아이입니다.

10분 읽고 2분 막 쓰기

책은… 잠을 부릅니다. 조용하게 활자에 눈을 맞추다 보면 먼 곳에서 부릅니다. 졸립니다. 읽기 지도를 하면서 '제대로 읽지 않는' 아이들 때문에 열불난 선생님들 많으시죠? 그래서 10분 읽고 2분 막 쓰기를 합니다. 시작한 지 10분 되면 딱 끊습니다.

"그만. 뭐든지 막 써. 2분 동안."

책에서 괜찮은 구절을 그대로 베껴도 되고, 읽으면서 든 생각을 적어도 되고, 아무 말 대잔치를 적어도 됩니다. 무조건 써야 합니다. 최대한 많이 길게 적습니다. 2분 지나면 "그마안~. 자 이제 읽자." 또 10분 읽고 2분 막 쓰기 합니다. 30분 정도 시간이 갔습니다.

나머지 시간에 모둠 대화를 하고 그 내용을 각자 자신의 활동지에 기록합니다. 모둠 대화는 당연히 잘 이루어집니다. 읽은 내용이 있고, 적은 내용이 있어 기본은 되어 있기 때문입니다. 활동은 함께 하되 기록은 각자 합니다. 물론 베껴도 됩니다. 하지만 대표자 한 사람이 적는 방식은 택하지 않습니다. 적으면서 정리되고, 정리하면서 또 다른 아이디어가 떠오르기 때문에 각자 정리하고 각자 제출하도록 합니다. 모든 모둠 활동의 원칙입니다.

초벌 읽기는 4차시에 걸쳐 진행합니다. 당연히 수업 시간에 다 못 읽는 아이도 읽습니다. 그래도 괜찮습니다. 서평쓰기를 하면서 끊임없이 책을 다시 들여다보게 되니까요. 한 학기 한 권 읽기를 정독으로 진행하시는 분도 계시지만 저는 훑어 읽기, 다시 읽기, 부분부분 읽기 등으로 반복해서 읽도록 지도합니다.

책 읽기가 1차로 끝나면 컴퓨터실에서 수업을 합니다. 이제부터는 쓰면서 읽는 시간입니다. 학생들은 컴퓨터 작업을 잘할까요? 생각보다 못합니다. 학생들이 사용하는 컴퓨터 역할과 교사가 희망하는 컴퓨터 역할이 다르기 때문입니다. 특히 문서 작성은 가슴이 좀 답답~~ 할 정도로 못 하는 학생이 많습니다. 그래서 서평쓰기를 하고 싶다면 첫 시간부터 한글 작성법을 가르쳐야 합니다.

그 중 가장 중요한 것이 편집용지, 글자 크기, 줄 간격, 문단 나누기입니다. 이것은 분량이라는 평가 기준과 관련 있기 때문에 매번 확인합니다. 매시간 가르쳐도 여전히 안 따르는 학생들이 있지만 하나하나 직접 예시를 보여주며 가르쳐야 합니다. 학생늘은 타이핑을 하느라 바쁘고 교사는 기본 문서 편집 기능을 개별 지도하느라 시간이 후딱 지나갑니다.

저장은 당연히 인터넷 수업 카페를 만들어 그곳에 하도록 합니다. 그래야 교사가 언제든지 학생들의 참여도를 알 수 있고, 수업에 대한 피드백을 쉽게 해줄 수 있습니다.

학생들이 쓰는 서평은 A4 5매 분량입니다. 이렇게 많은 양을 나중에 한꺼번에 쓰기는 매우 힘듭니다. 매시간 원고를 쓰면서 마지막에 마무리하도록 해야 합니다. 저는 일반적으로 처음 - 중간 - 끝 부분으로 구분하여 먼저 중간 세부 항목을 하나씩 쓰도록 지도합니다. 중간 부분은 '책과 나', '책과 사회', '책대로 한다'의 세 부분으로 구성되어 있습니다.

책과 나

'책과 나'는 책의 인상 깊은 구절이나 장면을 세 개 적고 그 이유를 자신의 체험과 관련해서 적습니다. 초벌 읽기할 때 적었던 구절을 그대로 적어도 되고 새로운 내용을 넣어도 됩니다. 이때 인용 페이지를 꼭 표시하고 인용 부분은 글씨체를 달리 하도록 가르쳐 줍니다.

"사실 알루미늄은 제련 기술이 발명되기 전까지만 해도 금이나 은보다 훨씬 비싼 금속이었다. 이와 관련된 재미있는 일화가 있다. 프랑스의 황제 나폴레옹 3세는 손님을 초대하여 식사를 할 때 자신을 포함한 특별한 손님은 값비싼 알루미늄으로 만든 술잔과 접시를 사용하게 하고 나머지 손님들은 금이나 은으로 만든 그릇을 사용하도록 하였다."(97p)

음료수 캔, 음식을 싸는 호일, 창문의 틀 등 나는 몇 발자국만 걸어도 쉽게 알루미늄을 찾아볼 수 있다. 오늘날 이렇게 흔히 사용되는 알루미늄이 나폴레옹 3세 세대에는 금이나 은보다 훨씬 비싼 금속으로 사용 되었다는 게 놀라웠고 잘 믿기지 않았다. 또, 만일 나폴레옹 3세가 다시 태어나 자신이 그토록 귀하게 여기던 알루미늄이 지금은 곳곳에서 흔하게 사용된다는 것을 본다면 기분이 어떨까? 하는 웃긴 생각도 들었다.

- 『화학 교과서는 살아있다』를 읽고 쓴 서평, 황OO

책과 사회

'책과 사회'는 책에서 뽑은 키워드로 인터넷을 검색하여 다양하게 읽고 가장 마음에 드는 글 3개를 골라 요약하고 자신의 생각과 경험을 연계하여 적습니다. 이때도 출처를 꼭 밝히도록 지도하고, 내용을 요약해서 정리하도록 합니다.

식품 속 미생물, 발효와 부패
(http://www.hankookilbo.com/News/Read/201808201158069189)

요약 : 우리 전통 발효식품의 기능성에 대한 많은 연구결과에 세계가 주목하고 있다. 일상생활에서 김치나 장을 담글 때 별도로 미생물을 넣지 않아도 발효가 되는 것은 이미 우리 주변에 미생물이 있기 때문이다. 하지만 같은 이유로 발효식품도 언제든지 주변의 미생물에 의해 부패할 우려가 있음을 기억하자.

발효식품과 부패는 한 끝 차이란 걸 명심해야 한다는 걸 알았다. 우리는 발효식품이라면 무조건 좋다고 생각한다. 나 또한 그렇게 생각해 왔다. 하지만 이건 착각이었다. 발효식품은 보관을 오래 하기 위해서 만든 것인데 이 과정 중에 오염이 되면 발효가 되는 것이 아니라 부패돼서 이를 먹어 병에 걸릴 수 있기 때문이다. 썩은 것과 발효된 것을 잘 구별해야 한다.

-『솔직한 식품』을 읽고 쓴 서평, 김00

책대로 한다

'책대로 한다'는 일종의 모둠 미션입니다. 미션은 크게 '인터뷰하기', '실천하기', '관련 책 읽기'로 나뉩니다. 인터뷰는 자신이 읽은 책에서 찾은 키워드에 해당하는 사람에게 인터뷰하고 그 과정과 결과를 정리하는 것입니다. 실천하기는 모둠원끼리 책과 관련된 어떤 과제를 정하고 이를 2주 동안 직접 실천하고 그 과정과 결과를 정리하는 것입니다. 관련 책 읽기는 읽은 책과 유사한 책 한 권을 더 골라 요약 정리하는 심화 읽기입니다. '책대로 한다'는 미션을 넣은 이유는 책 읽기가 삶을 변화시킬 수 있다는 것을 학생들이 경험하도록 하기 위해서입니다. 그냥 책을 읽고 요약하는 것이 아니라 어떤 방식으로든 현실로 나와 적용해보는 것입니다. 학생들이 여러 활동 중 가장 가치 있다고 한 것이 '책대로 한다'였습니다.

우리 모둠의 미션은 내 눈에 띄는 곳, 가장 오래 머무는 곳에 내 장점을 써두고 평소에 계속 보는 것이었다. 이게 처음에는 도움이 되나 싶었는데, 도움이 꽤 많이 되었다. 일단 나의 장점에 대해서 평소에 생각을 잘 안 했는데, 생각해 보는 시간도 가지게 되니 내가 이런 점이 장점이 될 수가 있구나 싶었다. 나는 원래 자존감도 엄청 낮고 자신감도 없었는데, 내 장점들을 써보게 되면서 나도 이렇게 가치가 있고 소중한 사람이라는 것을 계속해서 생각하게 되었다.

- 『멈추면 비로소 보이는 것들』을 읽고 쓴 서평, 전OO

우리 모둠은 만화를 주제로 구성되었다. 그래서 만화를 그리는 것이 우리에게 도움이 되며 적합할 것이라 생각했다.

미션 수행은 힘들었다. 그림을 그리며 캐릭터 선정하는 고통, 장삭의 고통(…)을 느꼈어야 했으니까. 앞으로도 해야 하는 일인데도… 어음, 아무튼. 과정을 간단히 설명하자면 스토리를 짜고 러프를 그리고 캐릭터를 짠 후, 그렸다.

주제는 "개의 복실한 털들을 다 밀면 개는 어떤 생각을 할까?"였다. 이 한 주제로 스토리를 만들어 나갔는데, 최대한 단순화했다. 그래도 귀엽게 나오지 않았는가. 퀄리티는 낮지만, 만족한다.

만화를 다 그리니 뿌듯함이 몰려오더라. 수행하느라 이것저것 생각하고 머리 아파 죽는 줄 알았는데 이래서 사람들이 어서어서 마감마감 하나 보다. 마감 끝내서 행복하다! 이 창작의 고통을 이겨내고 완성한 나는 대단해!

-『만화의 이해』를 읽고 쓴 서평, 김OO

서평 양식

서평의 본문을 다 썼네요. 숨 쉴 틈 없이 진행되는 독후 활동은 수시로 책을 다시 넘겨보게 했습니다. 물론 다 읽지 않은 학생도 있습니다. 그건 그리 중요한 것이 아닙니다. 한 권을 다 읽었는지 교사는 체크할 수 없습니다. 모둠마다 다른 책으로 독서 퀴즈를 할 수도 없잖아요. 아예 다 읽지 않아도 된다는 생각을 하는 것이 더 좋습니다. 실제로 그렇고요. 그렇다고 대놓고 학생에게 말할 필요는 없습니다.

서평 본문의 초고가 완성되었으니 이제 서평의 양식을 미리 알려줍니다. 이렇게 세세하게 정해주어야 하나 싶지요? 이렇게 정해주어야 학생들이 편하게 씁니다. 형식은 미리 주고 내용만 채우도록 합니다. 물론 자신만의 형식을 만들 수도 있습니다. 하지만 내용과 함께 형식을 학생 스스로 만들려면 더 많은 시간이 필요합니다. 학교 사정에 맞게 다양하게 변용하면 됩니다.

긍정의 힘으로 만든 따스한 인생[제목 만들기]
 -『완득이』를 읽고 - [원제목 넣기]

　　　　　　　　　　　　　　00고등학교 2학년 1반 25번 홍길동

  1. 책을 열며
  1) 모둠 소개
  　　· 모둠 구성과 모둠원에 대한 소개
  　　· 책 선정 과정과 책을 선정한 이유
  2) 책 소개
  　　· 책 소개 및 작가 소개
  　　· 책 내용 요약
  　　· 책의 특성이나 장단점
  　　· 책 표지 사진 1개

  2. 책과 친해지며
  1) 책과 나 사이 : 3가지
  　　[인용 구절과 내 생각 사이 한 줄 띄우기, 페이지 적기]

  2) 책과 사회 사이 : 3가지
  　　[검색 내용 요약과 내 생각 구분되도록 한 줄 띄우기, 출처 적기]

  3) 책대로 한다
  　　· 모둠별 미션 보고서
  　　· 미션 관련 사진 3개

3. 책으로 더불어
- 이 책이 나에게 준 영향
- 서평쓰기로 배운 점이나 느낀 점

모둠 및 책 소개

본문을 완성했으니 처음과 끝을 적어야겠지요?

서평의 처음 부분에는 모둠 및 책 소개를 합니다. '책 소개'는 모둠별로 선정 이유, 책의 특징과 장단점, 내용 요약 등을 논의해서 정리하게 합니다. 그리고 책 표지 사진을 한 장 꼭 넣도록 합니다.

『패션의 탄생』은 어렵지 않게 유명한 명품 브랜드의 탄생과정과 디자이너들의 패션에 관한 일생을 만화로 그려놓은 책이었다. 우리는 그 책의 쉬운 전개 과정과 한 번씩 들어가 있는 패션 일러스트에 눈길을 사로잡혀 이 책을 읽게 되었다.(도서 선정 이유)

이 책의 저자는 패션 일러스트레이터이자 작가인 '강민지' 씨다. 의류학과를 졸업한 후 패션과 그림에 대한 열정을 모두 충족시킬 수 있는 패션 일러스트레이터의 길을 걸어왔다. 국내 주요 패션 매거진과 단행본의 삽화, tv 광고와 제품 디자인, 해외 유명 브랜드와의 콜라보레이션 작업 등 여러 분야에 걸쳐 활발한 활동을 이어오고 있는 한편, 스토리텔링을 통해 복잡하고 어려운 패션의 역사와 정보를 쉽게 풀어주는 자기만의 영역을 개척해가고 있다. 『패션의 탄생』 외 『패션의 탄생 컬러링북』, 『아이콘의 탄생』 등 총 7권을 썼다.(작가 소개) 이 책은 26명의 전설적인 패션 디자이너들과 브랜드의 역사를 보여준다. 그들이 어떤 천재성과 열정을 지녔으며, 어떻게 패션사에 한 획을 그었는지 만화를 통해 쉽게 이해할 수 있게 했다. 아주 옛날로 거슬러 올라 귀족들의 전유물이었던 패션이 어떻게 변화하는지부터, 아주 세세하게, 2차 세계대전 당시 이야기까지 아주 흥미롭고 쉽게 나와 있다. 패션 쪽으로 진로를 잡은 사람이 아니더라도 읽으면 도움이 될 것 같다. 책의 이야기가 끝나면 실제 사진들이 첨부되어 있는데, 사진을 보면 이해가 더 쉽고, 눈이 즐겁다.(책의 특징)

  -『패션의 탄생』을 읽고 쓴 서평 중, 윤00

서평쓰기의 소감

서평의 마지막 부분에는 소감과 깨달음을 적습니다. 어떤 점이 어려웠는지, 무엇을 배웠는지, 어떤 기분인지 편하게 적습니다. 아이들이 주는 생생한 피드백입니다.

『보이지 않는 건축 움직이는 도시』이 책은 나에게 큰 영향을 주었다. 무엇보다도 이 책은 나에게 건축에 대한 관심과 이해도를 높여주었다. 사실 이 책을 읽기 전까지만 해도 건축에 대해서는 무의미하고 무덤덤하였다. 게다가 건축에 대해 아는 정보도 별로 없었을 뿐만 아니라 그저 건축에 대해 잘 모르고 있었다. 하지만 이 책을 읽으면서 건축은 겉으로 드러나는 스펙터클한 랜드마크 같은 것보다는 우리의 삶이 베어 나오는 좁은 골목길, 빈터 같은 곳 하나라도 잘 건축하는 것이 건축임을 일깨워 주어 건축에 대해 매력을 느끼게 해주었다. 이 책을 읽고 난 뒤 건축에 대해 관심이 더 생겼고 관련 대학과 등급컷, 학과 등을 더 자세히 찾아보는 계기가 되었다.

서평쓰기를 처음에 한다고 할 때 어떻게 써야 할지 어려운 것은 아닌지 걱정이 많았다. 하지만 선생님께서 편안한 마음으로 글을 한 편 쓰듯이 하라고 하셔서 이렇게 써봤는데, 글쓰기 실력이 좀 더 높아진 기분이었다. 서평쓰기에서 자신의 생각을 쓰는 부분이 많았는데 나의 생각을 글로 써낸다는 것에서 내 생각을 잘 알 수 있었던 것 같다. 그리고 서평쓰기를 하기 위해 했던 책과 나, 책과 사회, 모둠 미션 보고서 모두 책을 좋아하지 않는 나에게 책에 대한 친근감을 키워주었다.

-『보이지 않는 건축 움직이는 도시』를 읽고 쓴 서평, 최00

힘들지만 성장하는 국어 수업

한 학기 한 권 읽기가 교육과정 안에 들어온 것은 정말 반길 일입니다. 아직은 약간의 시행착오가 없지 않지만 전국에서 정말 다양한 형태의 수업 사례가 나올 것으로 기대됩니다. 저는 매년 한두 권을 읽은 학생들이 고등학생이 될 몇 년 후가 기대됩니다. 설렙니다.

한 학기 한 권 읽기 수업을 하면서 제가 중심으로 생각한 것은 이것입니다.

학생들이 평생 책을 읽을 수 있도록
독서의 즐거움과 유익힘을 맛보게 하자.

학생들을 독자, 소비자로 머물게 하지 말고
작가, 생산자로 만들어 보자.

읽기 지도의 지향점이 다양해졌습니다. 정확한 이해력을 목표로 둘 수도 있고, 새로운 정보와 비교 분석하는 능력을 키워줄 수도 있고, 비판적 문제 제기와 창의적 사고의 신장이 목표가 될 수도 있고 문제해결 능력을 키우거나 삶을 성찰하는 계기로 삼을 수도 있습니다. 중요한 것은 그 무엇을 하든 학생이 스스로 성장할 수 있도록 수업이 진행되는 것입니다.

이런 서평쓰기를 학생들은 힘들어합니다. 자기 맘대로 쓰는 것이 아니라 책을 읽고 그에 맞는 내용으로 개요를 짜고 내용을 채워본 경험이 없었기 때문에 많이 힘들어했습니다. 하지만 대부분 즐거워했습니다. 힘이 들지만 한 권의 책을 여러 번 뒤적이는 낯선 경험을 하였고, 책을 읽는 것이 자신의 삶에 다양하게 보탬이 되었기 때문입니다. 힘들어도 스스로 뿌듯하다고 합니다.

교육은
'내가 참 괜찮은 사람임'을 알게 하는 과정입니다.

국어 수업은 국어 활동을 통해 자신이 참 괜찮은 사람임을 알게 하는 시간입니다.

사람은 성장할 때 스스로 괜찮은 존재임을 알게 됩니다.

성장하려면 힘이 듭니다. 마냥 재미있지 않습니다. 학생들이 재미있어 하는 수업만을 하려고 하지 말았으면 좋겠습니다. 힘들지만 스스로 성장하도록 하는 수업, 한 발 내딛을 수 있도록 계단을 만들어주고 발을 뻗을 수 있는 용기를 주는 수업을 하였으면 좋겠습니다. 거기까지가 교사의 몫인 것 같습니다.

학생들이 성장할 때 교사도 함께 성장합니다.

힘들게 성장하면서 교사도 자신이 참 괜찮은 사람임을 알게 됩니다.

에필로그

도동 서원의 돌벽입니다. 가운데 독특한 돌 보이나요?

이 도형은 몇 각형일까요?

12각형 맞습니다.

저 십이각형 돌의 튀어나온 부분을 쓰윽 잘라내면 일이 참 쉬웠을 겁니다. 사각형으로 만들면 간단하게 쌓을 수도 있었겠지요.

그런데 석공은 그렇게 하지 않고

하나하나 귀를 맞추어 저렇게 아름답게 만들어놓았습니다.

저는 저 석공처럼 아이들을 가르치고 싶습니다.

이금희의 국어수업

1판 3쇄 발행 2023. 2. 13.

지은이	이금희
펴낸이	박상욱
책임편집	최혜령
편집	박남숙, 박은미
북디자인	이신희
표지디자인	권성혜
펴낸곳	도서출판 피서산장
등록번호	제002-000002호
주소	대구광역시 중구 이천로 222-51
전화	070-7454-0798
팩스	0504-260-2787
홈페이지	www.badakin.co.kr
메일	badakin@hanmail.net

ISBN   979-11-966213-2-2 13370

* 이 책은 저작권법에 의해 보호를 받는 저작물이므로, 서면을 통한 출판권자의 허락 없이 내용의 전부 혹은 일부를 사용할 수 없습니다.

ⓒ 이금희 2019